时空中的爱因斯坦

EINSTEIN IN TIME AND SPACE

A Life in 99 Particles

天才的
99个人生闪回

[英] 塞缪尔·格雷顿（Samuel Graydon） 著

何生 珺捷 译

人民邮电出版社

北 京

图书在版编目（CIP）数据

时空中的爱因斯坦：天才的99个人生闪回／（英）
塞缪尔·格雷顿（Samuel Graydon）著；何生，珺捷译.
北京：人民邮电出版社，2024. --（图灵新知）.
ISBN 978-7-115-65080-1

Ⅰ．K837.126.11

中国国家版本馆CIP数据核字第20242VM036号

内 容 提 要

　　本书讲述了爱因斯坦一生中的 99 个故事，它们发生在爱因斯坦人生中重要的时间点和空间点上。这些故事有时是他自己记忆中不可磨灭的一个小闪光点，有时是决定他个人命运的一场风暴，有时则是他自己没有在意，却给旁人带来巨大影响、留下深刻印象的大事件。本书从爱因斯坦充满传奇色彩的后半生开始诉说，并不断闪回其青少年时代的点点滴滴。这 99 个故事犹如一块块闪闪发光的拼图，最终勾勒出这位科学巨匠无可比拟的绚烂人生和跌宕起伏的科研生涯，展现了他丰富且充满矛盾的人格，重现了他影响深远的科学思想。

　　本书适合所有喜爱爱因斯坦、对科学和科学史感兴趣的大众读者阅读。

◆ 著　　　　[英] 塞缪尔·格雷顿（Samuel Graydon）
　　译　　　　何 生 珺 捷
　　责任编辑　戴 童
　　责任印制　胡 南
◆ 人民邮电出版社出版发行　　北京市丰台区成寿寺路11号
　　邮编 100164　　电子邮件 315@ptpress.com.cn
　　网址 https://www.ptpress.com.cn
　　天津千鹤文化传播有限公司印刷
◆ 开本：720×960　1/16
　　印张：18.5　　　　　　　　2024年9月第1版
　　字数：228千字　　　　　　2024年9月天津第1次印刷
　　著作权合同登记号　图字：01-2023-3983 号

定价：79.80元
读者服务热线：(010) 84084456-6009　印装质量热线：(010) 81055316
反盗版热线：(010) 81055315
广告经营许可证：京东市监广登字 20170147 号

引 言

1919 年 5 月 29 日，在普林西比岛（the island of Príncipe）上空，月亮从太阳前经过，把当地笼罩在阴影里。日全食开始了。有一位英国科学家等的就是这个时刻，他通过天体照相机拍到了日全食照片。在巴西的索布拉尔（Sobral）市，另一位科学家也是如此，在黑暗降临的几分钟内，他尽其所能地拍摄了大量照片。他们这样做的目的，是希望能记录到星光的弯曲。他们确实做到了。

数月后，位于伦敦伯林顿府的英国皇家学会公布了这些结果，它们彻底推翻了人们对引力的传统理解。考察队拍摄的照片显示，位于 153 光年之外的金牛座中心的恒星群所发出的光在到达太阳附近时路径发生了改变，因此这些恒星实际上并不在常规观测到的位置上。只有一种理论可以准确解释这一点：太阳的存在扭曲了空间本身。此时，相对论才得以证实。物理学巨人艾萨克·牛顿（Isaac Newton）离开了舞台中央，取代他的是阿尔伯特·爱因斯坦（Albert Einstein），作为科学家，他在德国以外还不那么出名。

40 岁的爱因斯坦当时正住在柏林，那时他只是两鬓灰白。在与学生伊尔莎·施耐德（Ilse Schneider）会面前不久，他收到了日食的观测结果。在和伊尔莎谈话的过程中，爱因斯坦把收到的电报给她看，电报上说他的理论成功了。伊尔莎意识到自己对宇宙及其规律的理解将发生深刻改变，非常兴奋。她向爱因斯坦表达了热烈祝贺，而爱因斯坦则平静地告诉她："我知道这个理论是对的。"[1]①

于是她问道，要是那些观察日食的人没有看到光的弯曲，又或者，如果他们看到了光的弯曲，但结果不符合他的理论预言呢？

"那么我应该对上帝表示深深的遗憾，"他回答道，"这个理论是对的。"

两年后，爱因斯坦前往美国为犹太复国主义运动筹集资金，该运动是为了在巴勒斯坦地区建立一个犹太人的家园。此刻，他已经是尽人皆知的大名人了。在爱因斯坦走访的每一座城市，成千上万的人挤满街道，只为了一睹他的风采。崇拜者们把他抬到他们的肩膀上，总统会见了他，参议院甚至还就如何理解相对论的难点进行讨论。一年后，爱因斯坦获得了诺贝尔物理学奖②，并开始亚洲巡回演讲。在日本期间，天皇和皇后会见了他，一大群人整夜守候在他下榻的酒店外，为的是能看到这位伟人出现在阳台。在东京，他通过翻译做了 4 个小时的演讲。观众的体验如此艰辛让他感到些许遗憾，于是他设法将下一场演讲缩短到 3 个小时以内。当他乘坐火车抵达下一座城市，发现东道主有点儿不太对劲儿，便问是否出了什么状况。答案是肯定的：第二场演讲的组织者感觉受到了侮辱，因为爱因斯坦缩短了演讲的时长。为此，爱因斯坦保证在接下来的行程中会花时间说明原委，而观众自然也很乐意聆听。

爱因斯坦的名声传播得如此迅速而广泛，以至于那时有两个美国学生打赌，爱因斯坦是否能收到只在信封上写"欧洲，阿尔伯特·爱因斯坦教授收"的信件。结果，信寄到了，而且没有比平常更慢。

"这邮政服务真好啊！"[2] 爱因斯坦对此评论道。

---

① 本书中 [数字] 所标识的引文出处请至图灵社区本书主页下载。——编者注

② 爱因斯坦获得的 1921 年度诺贝尔物理学奖，是在 1922 年才确定的。——译者注

　　20 年前（1902 年），爱因斯坦刚刚搬到瑞士的伯尔尼（Bern）市。23 岁的他脸有点儿圆，浑身散发出不安分的活力，又透着一股从容的劲头。在伯尔尼，某位第一次见到他的朋友立刻被"他那双大眼睛的光芒"[3] 所打动。爱因斯坦一直在等瑞士专利局给他一份工作——多亏了朋友的帮助，这份工作实际上已经为他安排妥当。然而，情况并不那么乐观。他一文不名，只好在当地的报纸上刊登广告，提供物理学和数学的家教服务。不过，他虽然开价很低，却几乎没什么学生。为此爱因斯坦抱怨道，倘若拿着小提琴在街头卖艺谋生，可能也比教书更容易挣钱。他吃得很少。此外，他的女友米列娃·玛利奇（Mileva Marić）在他搬家的前一个月里，生下了他们的女儿。倘若被人发现他没结婚就有了孩子，那么他就无法在专利局任职。爱因斯坦和米列娃竭力不让别人知道这个秘密，包括他的家人。爱因斯坦知道自己必须结婚——他也认为自己是想结婚的，但还没有这份勇气。他的父母早就明确表示过不喜欢玛利奇，他知道他们肯定不会支持这桩婚事。

　　此外，尽管专利局的职位很不错，但在某种程度上，爱因斯坦接受它也就意味着接受了失败。在大学毕业后的两年时间里，他申请了欧洲各地的学术职位，但每次都无功而返。他的当务之急是得到专利局的工作，但这同时宣告了自己在学术上的失败——他无法追求自己的爱好和抱负。

　　在此后的 5 年里，爱因斯坦继续申请着学术职位，最后甚至还包括最低阶的工作。在这段屈辱的求职过程中，爱因斯坦不断地遭到拒绝，而他对自己的期望也是一降再降。在应聘高中教师时，他把自己所有的科学论文，其中包括博士论文、光量子论文和狭义相对论论文，都寄去作为证明文件。应聘那个岗位的有 21 个人，而爱因斯坦没能入围前三名。

人们很容易以广义相对论得到证实为界，把爱因斯坦的一生分为两个阶段，即他成名之前和成名之后。根据这种划分，在爱因斯坦年轻时，虽然不被欣赏，却很聪颖，而当他老了后，虽然被人重视，但略显迟钝。这种说法有一定道理。爱因斯坦最了不起的成果都是在他成名之前做出来的。在早期生活的大部分时间里，他都名不见经传。他花了 9 年时间才当上助理教授，即便如此，他也并不是那个职位的首选。

的确，在成名之后，爱因斯坦几乎没有发表过什么重要的论文。他的最后一部经典作品可能是在他去世前 20 年完成的。这部作品失去了早期作品中的开拓精神——它没有试图解释某些未知的事物，也没有重构什么研究领域——而是反动的，是在对量子力学这一新物理学的不信任中形成的。爱因斯坦在研究中提出了"量子纠缠"的概念，根据量子力学，该现象在理论上是有可能发生的，但他认为在现实中是不可能的。爱因斯坦有一个很明显的习惯，那就是即使错了也会认死理。就"量子纠缠"而言，它最终被证明是宇宙的基本真理之一。在爱因斯坦生命的最后 30 年的大部分时间里，他致力于发展一种名叫"统一场论"的理论。这种理论包罗万物，从天体运动到原子内部的磁力，一切自然规律都囊括其中——但和他一起从事科学研究的同事们对它越来越不感兴趣，他们认为爱因斯坦是不太可能成功的老古董。

然而，我们不能如此简单地定义爱因斯坦，他远比这种"盛名之下，其实难副"的描述所暗示的状况有趣得多。它巧妙地掩盖了一些鲜为人知的事实，例如，他在发表关于广义相对论的文章之前，就已在德国得到了专业级的认可和成功。人们也忽视了他对犹太人的支持和对和平主义的贡献。在第二次世界大战前，爱因斯坦在这些方面很有建树。他的很大一部分钱花在了帮助犹太人逃离德国并移民美国上，他还帮助成立了一个后来被称为国际救援委员会（International Rescue Committee）的组织。

爱因斯坦的名声会妨碍人们对他的一生做出客观评价。它造就了一种对非凡的期待，所以人们很容易忽视爱因斯坦事实上过着令人惊讶的生活。实际上，关于他成功的程度几乎是无法想象的。在一年内（实际上是半年，即 1905 年 3 月到 9 月），爱因斯坦提交了博士论文，用数学方法证明了原子的存在，提出了光是粒子流的现代观点（为量子力学奠定基础），并且提出了狭义相对论——在此过程中，他打破了过去几百年的科学正统，并偶然发现了能量和物质之间的等价关系，这个等价关系可以用不朽的方程 $E = mc^2$ 表示。当时他只不过是一名每周工作 6 天的专利办事员，这些工作都是他在不能去图书馆，家里还有一个一岁孩子的情况下，利用业余时间完成的。

此外，爱因斯坦在 10 年之后提出了广义相对论，他用一组精确到令人难以置信的方程，描述了满天繁星的宇宙遵循的定律。爱因斯坦几乎凭借一己之力探索出了一种构想空间的方法，它可以准确地描述空间里的物体运动，可以用来解释水星轨道、两颗恒星间的环绕运动，以及上千种其他情况。广义相对论在描述宇宙运行方面是如此成功，以至于预测了连爱因斯坦自己都不太相信的真理。爱因斯坦认为宇宙是静态的，但他的理论指示宇宙是膨胀的，结果理论是正确的。相对论坚持认为，太空中存在着密度极高的奇怪物体，所有物质都无法逃脱它们的引力。爱因斯坦觉得这是一个可以忽略的数学错误。结果，原来这种奇怪物体就是黑洞，它们是真实存在的。

不仅是早年，在后来的生活中，爱因斯坦也经历了几乎和他的成就一样惹眼的困境。爱因斯坦和玛利奇最终完全放弃了他们的女儿①，这严重影响

---

① 根据资料，自 1903 年 9 月后，爱因斯坦就没有再提起过这个孩子。——译者注

了他们的关系。后来，闹得沸沸扬扬的离婚，则让他与剩下的两个孩子汉斯·阿尔伯特（Hans Albert）和爱德华（Eduard）之间的关系也变得复杂、痛苦、悲伤。爱德华在 20 岁时以自杀相威胁，他后来接受了针对精神分裂症的治疗，在精神病院度过了余生的大部分时间。爱因斯坦曾两次成为潜在的暗杀目标，纳粹党上台后，他被驱逐出德国，失去了家园、财产和朋友，这是他一生所经历的最极端的反犹主义行径。

尽管如此，爱因斯坦在很多方面确实很正常——在他身上，天才和疯子是同一种状态的两种表现的说法并不成立。他并不避世，能够轻松地结交新朋友，并且游刃有余地处理这些关系。他并不是偏执狂，对音乐、艺术和心理学有着浓厚的兴趣，同时还热衷于时政活动。在人生的不同时期，他曾和别人一起创立和平主义组织"新祖国联盟"（New Fatherland League），在国际联盟智力合作委员会（League of Nations' Committee on Intellectual Cooperation）任职，还担任过美国废除私刑运动的联合主席。他也不像人们常说的那样克己。当他的工作受到攻击时，他会做出激烈的回应，这种回应有时是公开的，而且通常和他的理性判断相悖。

此外，爱因斯坦的天才并不像人们想象的那么神秘。他是个天才，拥有史上最优秀的科学头脑之一。面对他的工作，人们不可能给出模棱两可的评论。（例如，他有一项不那么重要的成就，是将受激辐射的过程理论化，后来这成了发明激光的基础。）但他并不是那种典型的、灵性十足的卓越天才，他的智慧在某种程度上和这个世界没什么关系。爱因斯坦所具有的最迷人且始终如一的特质之一是他的工作能力——真正地、实实在在地潜心做一件事。

当他在苏黎世担任助理教授时，有一天，他的学生汉斯·坦纳（Hans

Tanner）去他家做客。坦纳在爱因斯坦的书房里找到他，当时他正弯腰对着一大堆文件研究方程组。他用右手写字，左手拉着爱德华。而与此同时，汉斯·阿尔伯特正在地板上玩着积木，想引起父亲的注意。"等一下，我快弄好了。"[4] 爱因斯坦一边说着，一边把爱德华交给坦纳，并把注意力转回到方程。汉斯·阿尔伯特后来回忆说，婴儿的哭声从来不会分散爱因斯坦的注意力。似乎是工作给了他目标和慰藉。在第一次遇到伤心事后，爱因斯坦写道，"艰苦的智力工作"[5] 和研究科学的活动会帮助他渡过难关，并陪伴他一生。在其他极度痛苦的时刻，比如在他的第二任妻子艾尔莎（Elsa）去世后，当他看到爱德华与抑郁症作斗争时，他也会说同样的话：工作是唯一可以赋予生命意义的事情。

即使在爱因斯坦活着的时候，他的形象也是由公众通过解读他而塑造起来的，比如人们视他几近一位圣人，有着不为名利所惑的道德优越感。在他死后，他的长期秘书和遗产执行人海伦·杜卡斯（Helen Dukas）强化了这种形象，并一直坚持如此。然而，爱因斯坦也有很多令人不愉快的时候。正如他在 1922 年的旅行日记里流露的，他对亚洲之旅中遇到的许多人持有种族主义观点，他在 1925 年的南美之旅也是如此。他还一贯轻视妇女。在爱因斯坦的个人生活里，他对周围的人也会产生一种明显的令人不快的压力：他对第一任妻子很无情，他是一个冷漠的父亲，而且生性风流。他也喜欢我行我素，曾取消过和十几岁的儿子的度假计划，而原因只不过是儿子胆敢说一些让自己不高兴的话。对于妨碍到他的自由感的人或事，他会报以颜色。

然而，爱因斯坦为人确实很可爱。有时是因为他那调皮、快乐和不逊的个性。在假日里，他会把船加速驶向同游的其他船只，直到最后一刻才转向，并为差一点儿"擦枪走火"而哈哈大笑，尽管他并不会游泳。他把自己的《自传笔记》称为"自己的讣告"[6]——这是他写过的最接近于全面描述自己一生的文字，此后，他便几乎再也没有提到过自己。在被医生勒令戒烟后，爱因斯坦认为只要自己不买烟，就不算犯错，所以他常常千方百计地找地方偷烟，这些地方可以是同事的烟罐，他甚至还会从路边捡烟头。

爱因斯坦能给人留下愉快的印象，可能仅仅是因为他太亲切了。他对陌生人随和友善，对喜欢的人诚挚情深。因此，在认识他的人中（需要强调的是，其中不包括他的家人），很难找到一个对他不好的人。在查理·卓别林（Charlie Chaplin）的自传中，在对年迈的伯特兰·罗素（Bertrand Russell）的采访中，在某位德国伯爵的日记中，在比利时女王的信件中，在他所有工作过的地方的同事们的回忆中，人们都不约而同地表达了认识爱因斯坦所带来的幸福感。面对这样的感情，这些人很难不把爱因斯坦当作自己的朋友：他们在一起很开心，即便没有完全原谅，也愿意以宽容的态度对待他的失败和缺点。

这本传记就像一幅拼图。它由不同风格的短文组成，描绘了爱因斯坦一生中在特定时刻或地点的故事。某一章可能讲了一件轶事，下一章可能是讨论他的科学研究，而另一章则可能是援引他的一封信。这些独立的片段组成了一幅拼图，用各自的方式阐述着各自的主题，正如传统的传记一样，最终描绘出一幅肖像。在构建这幅拼图的过程中，我没有要为爱因斯坦开脱什么，也没有非要挖掘他的什么性格特征。令我更着迷的是在他日复一日、年复一年的生活里的那些内在矛盾，那些莫名其妙、不可调和、疯狂荒唐的动机。

如今，爱因斯坦不仅是一个人，也是一座神像，它象征着比他自己更伟大的科学的进步、人类的心智，甚至是一个时代。他非凡的才智使他的地位变得高尚，仿佛代表着我们所有人的能力上限：他对公义的直言，他对名利和表象的淡泊，他对周遭观点的无视，他对真理与和平的孜孜以求，都为他的形象锦上添花。简而言之，他的形象就是个好人。

审视爱因斯坦的一生，你会发现他的天才并没有掩盖他的人性，他也不是一个令人生畏或是让人沮丧的另类。1929 年，他再次发表了一篇文章探索统一场论，美国各地的教堂都为此而布道，讨论其神学含义，《纽约时报》也派出记者前往纽约各地的教会采访。第五大道长老会的牧师亨利·霍华德（Henry Howard）还将爱因斯坦的最新理论与圣保罗关于自然统一性的教义进行比较。但事实是，这个理论无关《圣经》，也不是半神的智慧产物，它甚至是完全错误的。在热闹了一阵过后，爱因斯坦很快就放弃了它，就像他放弃了所有其他对统一场论的探索一样。

爱因斯坦提醒我们，做最好的自己并不意味着要完美无瑕。他的善良不是一种生存状态，也不是天才的特质，而是一种追求。正因为如此，这一切才变得更加非凡。

目 录

第 1 个闪回　童年时代

1894 年的巴黎歌剧院大街，雅勃洛奇科夫蜡烛照亮了街道

路灯亮了。1878 年 6 月，有一个开关在巴黎被合上。歌剧院大街——那条通往巴黎歌剧院的宽阔大道，突然被照亮。一束反常的刺眼强光照在这座奥斯曼风格建筑的外立面上，使它的上部笼罩在阴影之中。聚集的人群倒吸了一口气。歌剧院大街是世界上第一条由电灯照明的街道。

该年年底，伦敦的泰晤士河两岸也装上了这种叫作"雅勃洛奇科夫蜡烛"的灯，灯柱的底部缠绕着古怪的大鱼装饰。很快，它那灵异而又忽闪忽闪的光芒照亮了巴黎的每一条主要街道，伦敦和美国的几个主要城市也出现了成千上万的灯。

雅勃洛奇科夫蜡烛虽然很神奇，但对室内而言则太亮，因此人们正在努力完善，想研究出一种适合办公室、商店和家庭使用的电灯泡。1879 年 1 月，英国化学家约瑟夫·斯旺（Joseph Swan）在纽卡斯尔的一次演讲中成功地演示了一盏工作照明灯。同年，在美国新泽西州的门洛帕克，托马斯·爱迪生（Thomas Edison）开始优化他的发明。在那里，爱迪生有自己的玻璃吹制室，可以几乎源源不断地为他提供灯泡。他需要这些灯泡。那一年，他测试了 6000 多种灯丝材料，其中包括几乎所有他能想到的植物的碳化物——竹子、月桂木、黄杨木、雪松、山胡桃木、亚麻。1879 年 10 月 22 日，他对一根盘绕在灯泡里的烧过的棉线加上了电压，灯泡发出柔和的橙色光，并持续了半天以上。爱迪生的研究成功了。

1879 年 3 月 14 日正午前不久，阿尔伯特·爱因斯坦就出生在这个日益明亮的崭新世界里。

爱因斯坦出生在乌尔姆，那是坐落在多瑙河畔的德国西南部士瓦本（Swabia）的一座古老城市。城市的格言"乌尔姆人都是数学家"可以追溯到几百年前。1805 年，这里曾是拿破仑击败奥地利军队的地方。爱因斯坦一家住在那里时，建筑工人正在为一座大教堂重塑尖塔，莫扎特曾在这座教堂里演奏过管风琴。竣工后，它会是当时世界上最高的教堂。

保利娜·爱因斯坦（Pauline Einstein）生于一个富裕的家庭，比她的丈夫赫尔曼·爱因斯坦（Hermann Einstein）小 11 岁。她的父亲尤利乌斯·科赫（Julius Koch）经营着一家谷物公司，并成功地成了"皇家符腾堡宫廷供应商"。她受过良好的教育，举止优雅，但并不势利。她精通德国文学，还擅长音乐，她那极具天赋的钢琴演奏令人愉悦。据说她务实能干、意志坚强，并以机智中透着犀利讽刺而闻名，这种智慧既能使人愉快，也能让人受伤。

赫尔曼和他的妻子一样，也是犹太商人的后裔。爱因斯坦家族在士瓦本的乡村生活了两个世纪，通过每一代人的努力，他们逐渐融入了德国社会，这使得赫尔曼和保利娜都乐于觉得自己既是犹太人，也是士瓦本人。事实上，爱因斯坦的父母对犹太教没什么兴趣。

对比赫尔曼夫妇，会让人产生一种同情。赫尔曼随和得甚至有点儿温顺，不过他的品味却很俗气。他喜欢在美景中散步，在酒馆吃香肠和萝卜、喝啤酒。他身体结实，留着海象式的小胡子，下巴方方正正。在中学时，他就表现出了数学方面的天赋，虽然上不起大学，但所受的教育使他得以进入更高的社会阶层。在儿子的记忆中，他聪明而和蔼。他也是一个冷静的乐观主义者，尽管他的希望常常因为不切实际而破灭。

1880 年夏天，那年阿尔伯特才一岁，赫尔曼被他最小的弟弟雅各布（Jakob）说服，举家搬到慕尼黑，并成为工程公司（Jakob Einstein & Cie）的合伙人。爱因斯坦一家由此从一个田园般的地方（人们可以赶着奶牛穿过城镇广场）搬到了一座充满活力的城市。巴伐利亚州的首府是一个拥有 30 万人口的城市，有一所大学、一座皇宫，以及繁荣的艺术品贸易市场。

兄弟俩最初从事的是供水、供煤气和锅炉制造，但很快就开始涉足电气工程。1882 年，他们参加了在慕尼黑举办的国际电工展览会，并在那里展示了发电机、弧光灯、灯泡，还有电话。3 年后，他们的电灯第一次照亮了慕尼黑啤酒节。所以对年幼的阿尔伯特来说，电灯并不是什么抽象的东西，它暗示着来自远方的技术革命。它是一种真实、直观、可知的东西。雅各布和赫尔曼开始和这个男孩讲述他们的工作。爱因斯坦因此了解了复杂的马达、实用的电力和光，以及它们所遵循的物理定律。

在保利娜家族投入了大量资金后，公司蒸蒸日上，得到了德国其他地方和意大利北部的路灯合同。由于雅各布拥有一些重要的专利，公司鼎盛时期的雇员数量多达 200 人，足以与西门子（Siemens）和安亦嘉（AEG）等公司相抗衡。然而，在 1893 年，那时爱因斯坦还是个青少年，公司的命运发生了变化——他们没能获得很多在慕尼黑的电灯订单。在竞标的公司里，他们是唯一的当地公司，但也是唯一的犹太人公司，这一点或许足以让他们落标了。公司破产，赫尔曼和保利娜的房子被没收了。他们被迫离开慕尼黑，选择商业前景更好的意大利重新开始。

电灯环绕着年轻的阿尔伯特·爱因斯坦——这是现代科技的前沿，也是家族事业的中心。但是，尽管科学家们知道如何照亮城镇街道，如何让植物纤维做成的细丝连续数小时发出金色的光芒，但在很大程度上，光本身是什么，仍然是一个谜。这种情况很快就会改变。

第 2 个闪回　妹妹玛雅

阿尔伯特和玛雅·爱因斯坦（1885 年）

阿尔伯特有一个妹妹。她于 1881 年 11 月 18 日出生在慕尼黑，比他小两岁半。妹妹的名字叫玛丽亚（Maria），尽管她一辈子总是使用昵称"玛雅"（Maja）。当阿尔伯特知道有一个小妹妹即将诞生，可以和他一起玩耍时，他脑海里想到的更像是他将得到一个新玩具，而不是某种奇怪的小生物。在第一次见到妹妹时，他非常失望地问父母："好吧，不过轮子在哪里呀？"[7]

不过，兄妹二人很快成了可靠的朋友，并持续一生。在阿尔伯特的所有人际关系里，与玛雅的关系是最牢固、最充满关爱的之一。他们的童年基本上很舒适，过着中产阶级生活，安逸而快乐。但赫尔曼和保利娜在思想和行动上都鼓励孩子自力更生，所以在阿尔伯特三四岁的时候，父母就要求他单独行动，独自一人在慕尼黑穿过那些车马喧闹的街道。以前，有人给他指过一次路，现在，他要自己去那儿了——紧张的父母偷偷跟在后面，随时准备在发生意外的时候现身。事实上，这没什么好担心的。当阿尔伯特走到十字路口时，他会按规矩向两边看一看，然后穿过马路，他一点儿也不害怕。

晚上，他在和玛雅玩游戏之前，必须先完成功课。小时候，阿尔伯特会把时间花在拼图和积木还有雕刻木头上。他最喜欢的游戏是用纸牌盖房子，他在这方面很拿手，可以盖大约 14 层。

阿尔伯特的许多堂兄弟姐妹经常来家里杂乱的后花园玩耍，但他很少参与其中。不过只要他参加，那他就是孩子王，在玛雅眼里，他"显然是所有争端的仲裁者"[8]。但总体而言，他喜欢一个人待着。他做事细心周到，从不慌乱。他发育得比较慢，学说话的速度也很慢，所以父母很担心，带他去看了医生。在童年的大部分时间里，他都有一个比较特别的困难：每当他想说些什么的时候，都会先对自己低声嘟囔一遍。他说的每一句话都是这样，不管这句话有多惯常，这让家里的女仆把他称作"笨笨的那个"[9]。出于对儿子的担忧，爱因斯坦的父母试过为他请一位家庭教师，最终这位家庭教师给这个孩子起了个"无聊神父"[10]的绰号。7 岁时，他终于改掉了这个窃窃私语的习惯。

兄妹二人经常互相斗嘴取乐，有时甚至会爆发冲突。尤其是阿尔伯特，他小时候脾气暴躁。据玛雅回忆，只要脾气上来，他的脸会变黄，鼻尖会变白，继而完全失去控制。当他开始在家接受教育后，有一次，阿尔伯特非常生那位倒霉老师的气，于是拿起一把椅子就朝她砸去。老师逃走了，再也没有回来。

"还有一次，他把一个大保龄球扔到他小妹妹的头上。"[11] 玛雅在大约 40 年后写道，显然还没有完全原谅他。她还说过，有一次哥哥用园艺锄打她的头。"这足以说明，要有坚硬的颅骨，才能成为知识分子的妹妹。"[12]

第 3 个闪回　袖珍罗盘

在阿尔伯特四五岁的时候，有一次他卧病在床。他的父亲在看他的时候，拿了一个袖珍罗盘给他玩耍摆弄。阿尔伯特兴致勃勃地研究着它，以至于忘却了周遭的一切。那根指针将他迷住，因为他搞不懂其中的缘由。他知道通过接触可以产生运动——这是生活常识——但指针在玻璃盖后面，被封了起来，自己碰不到它。没有什么东西能接触它，但它像是被什么人的手指捏住似的在运动。

到了那个年纪，阿尔伯特已经习惯了刮风下雨，也习惯了月亮挂在天空，但不往地上掉。它们是有原因的，是可以认知的，它们从他还是小宝宝的时候，就在眼前。但无论他如何摆弄罗盘，它的指针一头始终指向北方，这太神奇了。

看着指针摆动回原位，阿尔伯特开始明白，他对世界的理解，还不包括这些事情。他对地球的磁场一无所知，但在他看来，这根指针一定是受到了某种神秘力量的影响。正如他在 60 多年后回忆起这件事时所说的，他意识到"事物背后一定隐藏着某种深刻的东西"[13]。他想试着去理解它。

"虽然我那时还很小，但我一直记得这件事。"[14]

第 4 个闪回　少年时代与宗教信仰

赫尔曼·爱因斯坦为自己家里没有犹太教仪式而感到骄傲，他认为这些仪式已经过时，是"古老迷信"[15]的残余。这个家族里只有一个叔叔会去犹太教堂，他这么做只是因为，正如他过去常说的——"你永远不会知道"。[16]

因此，当阿尔伯特 6 岁的时候，父母很高兴能把他送到彼得斯学校（Petersschule），那是当地的一所天主教小学。在班上的 70 个学生里，他是唯一的犹太人。他接受了常规的天主教教育，学习教义问答的部分章节、新旧约的一些故事，还有圣礼。他喜欢这些课程，而且确实学得很好，甚至还会帮同学做作业。

阿尔伯特没有因为他的血统而受老师歧视。不过，同学们却经常欺负他，在他放学回家的路上，他们经常对他进行言语和身体攻击。

把儿子送到天主教学校是一回事，让他只受天主教的影响则是另一回事。为了平衡起见，阿尔伯特的父母又雇请了一位远房亲戚来教他犹太教教义。然而，阿尔伯特走得更远。1888 年，在他 9 岁的时候，他突然开始狂热地信仰犹太教。出于自己的意愿，他严格遵守教条，遵守安息日和犹太洁食律法的规定。他甚至还自己创作赞美诗，并在放学回家的路上吟唱。与此同时，他的家人则继续过着世俗的生活。

这一变化与阿尔伯特到慕尼黑市中心附近的卢伊特波尔德文法中学

（Luitpold-Gymnasium）读书是同时发生的。除了重视数学、科学以及传统的拉丁语和希腊语课程之外，他的新学校还为犹太学生安排了一名教师，以提供宗教指导。

阿尔伯特后来回忆，当时他在住所周围的花园里发现了一种身处伊甸园般的幸福。他在那里很快乐，可以全身心地沉思，空气中充满了刚刚绽放的花瓣、花蕾和汁液的香气，这些都更加坚定了他的信仰。他也悟到了一些东西，他称之为"大多数人在一生中孜孜不倦地追逐的希望和奋斗是虚无的"[17]。

阿尔伯特把他生命中的这一阶段称为"宗教天堂"[18]，但它来得突然，去得也快。12 岁时，他已经对宗教完全失去了兴趣。在那个年纪，他本该为自己的成人礼做好准备，正式承诺信仰犹太教，也许这本身就是让他放弃信仰的原因之一。不过，阿尔伯特后来小心翼翼地将其归因为所谓的科学思维的影响。

爱因斯坦一家确实保留了一个犹太习俗，而这个习俗也已经是改良过的。对犹太家庭而言，在安息日的晚餐招待一位贫穷的宗教学生是很常见的。爱因斯坦一家在某个星期四招待了一位医科学生。马克斯·塔木德（Max Talmud）在 21 岁时开始拜访爱因斯坦夫妇，当时的阿尔伯特只有 10 岁，但两人很快就成了朋友。当塔木德发现阿尔伯特对科学和数学感兴趣后，他会给这个孩子带这些学科的书籍，而阿尔伯特每周都会急切地向这位朋友展示他正在研究的问题。虽然一开始塔木德会帮他，但没过多久他就超过了塔木德。

这对阿尔伯特的影响是深远的。"通过阅读科普书籍，我很快就发现，《圣经》里的许多故事不可能是真的，"[19] 他回忆道，"结果，我的自由思想开始（恣意）狂欢，并留下了有人故意用谎言欺骗年轻人的印象，这种感觉很糟糕。"

此后，他再也没有摆脱过这种印象。他将永远抵制宗教正统和仪式，并对各种权威和教条充满敌意。这种全新态度的直接结果是，在三年学业结束时的重要关头，他拒绝继续举行成人礼。

第 5 个闪回　高中生活

宗教并不是阿尔伯特唯一厌恶的东西。德国军队偶尔会经过慕尼黑，他们用军鼓打出节拍，用笛子演奏歌曲，所到之处欢声雷动。当他们整齐划一地行进时，窗户会咯咯作响，这时，孩子们会跑到街上扮成士兵模样，和他们一起行进。有一次，阿尔伯特看到了这样的表演，结果泪流满面。他向父母解释道："我长大了不想变成那种可怜的人。"[20]

这种尚武精神也蔓延到了教育领域。与当时大多数德国学校一样，卢伊特波尔德文法中学的教学风格侧重于记忆、纪律和系统化。学校不鼓励怀疑精神，而强调学习和机械重复。教师在很大程度上是权威和知识的化身，学生只是权威的门徒和知识的容器。阿尔伯特的成绩很好，但他远远算不上是一个好学生。他公开蔑视教学体制、学校，以及教他的老师，在后来的日子里，他称他们为"副官"。

有一次，一位老师甚至还宣布阿尔伯特在课堂上不受欢迎。阿尔伯特回答说自己并没有做错任何事。"是的，确实如此，"老师说，"但是你坐在后排微笑，你只要一出现，就会破坏全班对我的尊重。"[21] 这位老师还说，希望阿尔伯特能离开这所学校。

到 15 岁时，阿尔伯特独自一人在慕尼黑生活，他不得不和远房亲戚们住在一起。自从他父亲的公司倒闭后，家人都搬到了意大利，为了让他完成学业，只留下了他一个。他变得很痛苦，以至最后他说服家庭医生（马克斯·塔木德的一个哥哥）为他开了一份"神经衰弱"的证明，诊断他必须休学。然后，阿尔伯特去找他的数学老师，请求以书面形式证明他已经掌握了这门学科，并且成绩优异。1894 年圣诞节前夕，他收拾完行李，买好火车票，毫无征兆地来到了父母在米兰的家。赫尔曼和保利娜大吃一惊，尽管他们恼怒地要求他回慕尼黑，他还是坚决不肯。

阿尔伯特承诺会独立学习，准备苏黎世联邦理工学院的入学考试，他已经决定去那里接受高等教育。尽管父母表示担心和疑虑，但最后还是尽他们所能来帮助儿子实现计划。当发现学校要求申请人必须年满 18 周岁时，赫尔曼和保利娜说服了一位家族友人替他们的儿子说话，要求学校破例。这位朋友对这件事非常上心，用尽了他能想到的话来称赞当时只有 16 岁的阿尔伯特。理工学院的负责人阿尔宾·赫尔佐格（Albin Herzog）答复道：

> 根据我的经验，让学生退学是不明智的，即使他是所谓的"神童"……如果您或那位年轻人的家人不同意我的看法，我将允许他破一下年龄限制的例，在我们学校进行入学考试。[22]

考试于 1895 年 10 月 8 日开始，一共持续了好几天。阿尔伯特没能通过考试。虽然他在自己研究的学科方面（包括数学和物理）表现不错，但在包括文学史、政治和自然科学在内的常规学科方面表现不佳。阿尔伯特并没有自大或者愚蠢到觉得这次经历很不错。也许在他绞尽脑汁回答某道关于动物学的问题时，才发现自己在知识方面还有明显的缺陷。他后来回忆说："我的失败看起来完全合情合理。"[23]

即便如此，由于阿尔伯特在专业学科上的出色表现，理工学院没有直接拒绝他，而是给了他鼓励。首席物理学教授海因里希·韦伯（Heinrich Weber）破例邀请阿尔伯特去听他的讲座。与此同时，赫尔佐格建议他在附近的一所中学完成最后一年的基础课程，来年再申请入学。倘若他在那里拿到文凭，学校就会录取他，尽管那时他还差 6 个月才能符合学校对入学年龄的要求。

就这样，10 月 26 日，阿尔伯特在离苏黎世 25 英里 ① 的美丽小镇阿劳（Aarau）的一所州立学校注册入学。这所学校以具有前瞻性而声名在外。除了传统的课程，学校也重视现代语言和科学，还配了一个设备精良的实验室。学校鼓励包容、积极的教学风格。在那里，没有死记硬背，学生们被视为独立的个体。特别是，它推崇将视觉图像和思想实验作为掌握概念的手段。

正如阿尔伯特所说，老师们具有"单纯的严肃"[24]。他们只是不同的人，而非权威，学生可以和他们交谈甚至交往。"这所学校给我留下了难以忘怀的印象。"[25] 他写道，"与在被威权主义笼罩的德国文法中学接受的 6 年教育相比，我清楚地意识到，提倡自由行动和个人责任的教育比依靠外在权威和理想的教育要优越得多。真正的民主不是空洞的幻想。"

在阿劳期间，阿尔伯特寄宿在学校的一位老师家里。他和约斯特·温特勒（Jost Winteler）和罗莎（Rosa）夫妇，以及他们家的 7 个孩子成了亲密的家人，不久，他就称约斯特和罗莎为"爸爸"和"妈妈"。大多数晚上，他会和他们共进晚餐，一边讨论一边大笑。

温特勒蓄着浓密的山羊胡，戴着一副小眼镜，令人印象深刻。他是语言学家、新闻工作者、诗人和鸟类学家，在学校里负责教拉丁语和希腊语。他从不吝惜时间，思想开放自由，教学轻松活泼，正直而略显咄咄逼人。

---

① 约 40 千米。——译者注

他支持言论自由，对任何形式的民族主义都报以根深蒂固的蔑视。阿尔伯特很快接受了温特勒的许多理念，特别是他的国际主义理想。

新形成的政治意识，以及对德国军国主义的鄙视，使阿尔伯特希望放弃自己的国籍，他请求父亲能在这方面给予帮助。几乎可以肯定的是，另一个更加实际的问题也影响了他的这个决定——倘若他到 17 岁还是德国公民，就会被征召入伍。

在 17 岁生日的前 6 周，阿尔伯特正式收到了证明自己无国籍的信件。

第 6 个闪回　初恋玛丽

玛丽（Marie）是温特勒最小的女儿。阿尔伯特来和她的家人同住时，她刚刚从师范学院毕业，正住在家里等着投入自己的第一份工作。她很快就要 18 周岁了，而阿尔伯特只有 16 岁。玛丽非常漂亮，有着深色的卷发，充满快乐却缺乏自信。他们都喜欢音乐，阿尔伯特经常在晚上为一家人演奏小提琴，而玛丽则用钢琴伴奏。几个月后，也就是 1895 年底，他们恋爱了。

一开始，他们的爱情甜得发腻。阿尔伯特常常夜不能寐，仰望着星空对自己说猎户座比以往任何时候都更美丽。1896 年 1 月，玛丽搬了出去，开始在附近的一个村庄教书。尽管她经常回家，但他们还是相互写了很多情书，哀叹离别的时光。他曾写道："在痛苦时有所慰藉，是美妙的。"[26]

他会给玛丽寄莫扎特的歌曲。为了帮助她增加体重，他还会给她送一些香肠，这被他叫作"甜甜圈计划"[27]。他也想让她吃醋，想逗她笑。"你猜怎么着？"他在一封信中写道，"今天我和鲍曼小姐一起演奏音乐……如果你认识那个女孩，你一定会嫉妒的。她可以轻松地把她那柔弱的灵魂注入乐器，因为她实际上根本就没有。我是不是又在调皮，忍不住开始冷嘲热讽了？"[28]

他们的父母对这段关系非常满意。尤其是保利娜·爱因斯坦，她急于让别人知道她很开心。1896 年 4 月，阿尔伯特和家人一起回到意大利度春假，她经常千方百计地看儿子写给玛丽的信。在阿尔伯特的一封回信上，保利娜附上了这样一句话："虽然我并没有看过这封信，但我向你致以诚挚的问候！"[29]

但这一切并没有持续多久。当年 10 月，阿尔伯特被苏黎世联邦理工学院录取，他很快就过起了不羁的学生生活。这几乎马上影响到了他对玛丽的态度，尽管一开始他仍然会把要洗的衣服寄给她。玛丽并没有对此默默忍受。在 1896 年 11 月的一封信中，她用既诚恳又烦恼的语气写道：

我亲爱的甜心！

你的小篮子今天到了，我费尽心思地想找到你的只言片语，却一无所获，尽管只要能在地址栏上看到亲爱的你留下的笔迹就足以让我开心……上个星期天，我冒着倾盆大雨穿过树林，去邮局给你寄小篮子，它快到你那里了吧？[30]

阿尔伯特早已提出他们之间不要再通信了。她回答道："亲爱的，在你信里，有一段话我看不太明白。你说你不想再和我通信了，但是，亲爱的，你为什么不想了呢？"[31] 她送给他一个茶壶作为礼物。他极不礼貌地收下了它，并回信告诉她不必再如此麻烦。"我亲爱的，"玛丽回复道，"关于送你这个傻傻的小茶壶这件事，我并不是为了让你开心，我只是希望你能用它沏出好茶……好了，这事情到此为止吧，不要再把信纸上的每个字母都化成你愤怒的脸庞瞪着我了。"[32]

阿尔伯特没有再回信，玛丽开始怀疑他们之间的关系——尽管她是以一种典型的"内省"方式，即把大部分的怒气指向自己。她质疑自己是否还不够好——她觉得自己在智力上不如对方，并公开觉得他留在自己身边只是因为一些令人遗憾的责任。对阿尔伯特来说，他似乎并不想让玛丽痛苦。他为此感到内疚，虽然他仍然算是爱着她的，但为了让自己也能解脱，他试图安抚她，而不是坦白自己的真实感情。

1897 年 5 月，阿尔伯特最终决定结束这段关系。他给玛丽写了一封信，恳请她不要自责，他还写道："我恳求你，至少不要因为我在做了最艰苦的斗争之后，仍在可怜的懦夫的天性里无法自拔而看不起我。我没有做过任何值得你记仇的事……它们只是令人不屑。"[33]

因为不久之后还要去拜访这家人，所以阿尔伯特不得不给他经常称呼为"亲爱的妈妈"的罗莎·温特勒写信道：

我不能在圣灵降临周①来看您了。如果几天的欢乐需要以新的痛苦作为代价，这对我来说并不值得，因为我的过错，已经给您亲爱的孩子带来了太多的痛苦……艰苦的智力工作和对上帝本质的关注让人宁静，使人坚强，然而也是无情而严厉的天使，它们将指引我走出生活里所有的烦恼……然而，用这种方式挨过生命里的风风雨雨，真的好奇特呀——在许多清醒的时候，我觉得自己就像是一只为了无视危机而把头埋在沙子里的鸵鸟。一个人为自己创造这样一个小小的世界，尽管它与不断变化的现实世界相比是微不足道的，但对那个人而言，却是异乎寻常地伟大和重要，就像鼹鼠在自己挖的洞里一样。[34]

---

① 复活节后的第 7 周，1897 年的复活节为 4 月 18 日。——译者注

第 7 个闪回　思想实验

在爱因斯坦的整个职业生涯里，他经常用思想实验来研究和描述自己的想法。他的作品中充满了解释自己想法的图景，比如火车、路堤、雷击、漂浮着的密闭容器、爬过树枝的瞎眼甲虫，还有一次只释放一个电子的超灵敏装置。

爱因斯坦一直是一个视觉学习者。针对自己思维过程的分析，他说："文字或语言，不管是写下来的还是说出来的，似乎都没有在我的思维机制中发挥过作用。"[35] 阿劳的公立学校专门培养了这种思维方式，爱因斯坦正是在那里读书的时候——那年他 16 岁，想出了一个让他无比兴奋但又异常烦恼的场景。

爱因斯坦想象有一束光穿过空间，进入黑暗。他想象有人以完全相同的速度沿着光束奔跑。他发现，在那个观察者的眼中，光看起来是静止的。它停在那里，波峰和波谷纹丝不动。

然而，他意识到这样想是有问题的。首先，它违反了一条自 17 世纪以来就被公认的科学原则，即无论物体运动得是快是慢，还是静止，物理定律都是不变的。据此，当以一种速度观察光束时，它看起来不应该运动，而以另一种速度观察时，它也应该静止①。

其次，不运动的光波实际上独立于时间存在——毕竟，当一切都静止

① 这里的速度都是指直线匀速，因此，不管它是快是慢，还是静止，物理定律都不变。——译者注

不动时，人们如何区分两个不同的时刻？"人们会得到一个与时间无关的波场。"[36] 爱因斯坦后来在给朋友的信中写道，"但这样的情况似乎并不存在！"他凭直觉感到情况有些不对劲。

　　这个问题困扰了爱因斯坦很多年，并最终为他孕育出一些最伟大的科学思想。正如他说的，"这是关于狭义相对论的第一个不成熟的思想实验"。[37]

第 8 个闪回　旧物理学

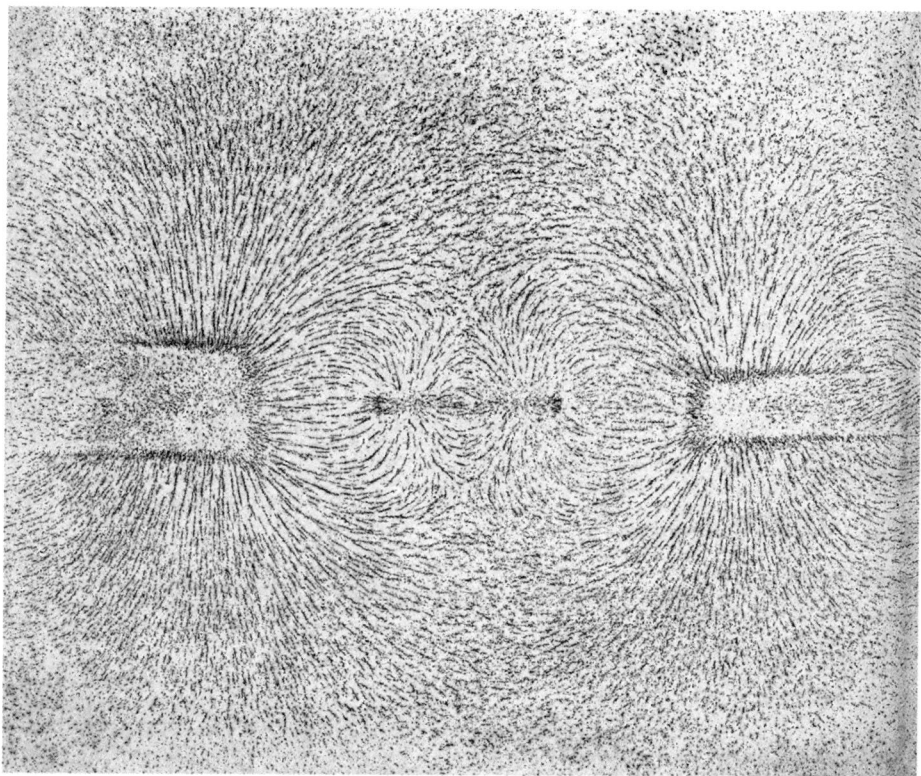

英国物理学家法拉第笔记本里的照相底片，展示了用铁屑研究磁铁产生的磁场的实验结果（1851 年）

在书房的墙上，爱因斯坦喜欢挂上艾萨克·牛顿、迈克尔·法拉第（Michael Faraday）和詹姆斯·克拉克·麦克斯韦（James Clerk Maxwell）的肖像。在他的一生中，他们一直是他的科学偶像，是在他之前就出海的领航员，为他指明方向，以便他也能找到海岸。

是牛顿完成了第一次物理学大统一，他在 17 世纪晚期证明了天空和地球在相同的引力作用下运行。也就是说，苹果落地和月球在轨道上运行的原因是一样的。关于这点，并不是显而易见的。牛顿揭示了原本看似不相关的领域实际上是一个整体。

物理学的第二次大统一是一群人的共同努力。迈克尔·法拉第出生于 1791 年，他是一个铁匠的儿子。法拉第发现，电流会产生磁场，类似地，变化的磁场也会产生电流。

法拉第最先在磁铁周围撒上铁屑做实验，展示了铁屑是如何形成一种从一个极点延伸到另一个极点的曲线的。法拉第假设磁铁会发出"力线"，它们就像小卷须一样，从而形成他所谓的"场"。磁力并不只存在于磁体内部，还会分布在磁体周围，也就是那些"线"出现的地方。他推测，正是这种奇怪而又看不见的电晕（场）影响了电流。

法拉第知道，电和磁之间的联系并不仅仅是表面上的。法拉第做过研究，一直想要统一那些当时被认为是不同的现象——他甚至推测光是电磁力线的振动。然而不幸的是，由于缺乏正规教育，法拉第的数学很差，因此他无法为自己的观点提供严格的理论依据。

实现这一证明的人是詹姆斯·克拉克·麦克斯韦，他出生在爱丁堡，比法拉第小 40 岁。和法拉第一样，麦克斯韦研究的科学问题很广泛。例如，他拍摄了第一张彩色照片，那是一幅花格子呢缎带的照片。1859 年，28 岁的麦克斯韦对土星环的性质给出了解释，这个问题困扰了科学界 200 年。人们即使用小型望远镜也能看到土星环，从宇宙学的尺度来看，土星环明显是非常薄的。然而问题在于，这些环为什么能在如此薄的情况下保持固态，而不会分崩离析地飞向太阳或飘散到太空里。麦克斯韦从数学上解决了这个问题，他指出，如果这些环是固体，它们就会被引力撕裂。于是，他预测土星环是由大量小颗粒组成的，它们各自独立地绕着土星运行，就像一个巨大的牧群。他给出的结果为这个问题画上了句号。100 多年后，旅行者号太空探测器拍摄的照片证实了这一点。

麦克斯韦最出名的是他的电磁学方程组。麦克斯韦延续了法拉第的工作，开始着手证明法拉第是对的，目标是为电和磁之间的联系提供数学解释。他成功地推导出了 4 个描述磁场、电场和电流的方程。这项工作本身就是一项壮举，但麦克斯韦的天才之处还在于，他意识到把这些方程放在一起时，会产生一些新东西。它表明，电场和磁场可以进入某种反馈回路，使它们能互相生成彼此。如果电场以某种方式变化，就会产生变化的磁场，而磁场又会产生变化的电场，如此循环往复。也就是说，这两者以某种方式联系在一起，它们只是同一事物的不同方面，这种事物就是电磁场。

利用这个方程组，麦克斯韦证明了电磁场可以振荡，从而生成"波"。他还算出了这种波的速度。令他吃惊的是，他发现这种波会以大约每秒 30 万千米的速度运动。这是一项具有里程碑意义的发现，因为这个速度正好和测量到的光速一样。这不能被当作巧合。麦克斯韦不得不推导出光是电磁波的结论。此外，他猜测（可见）光是这种波的波谱里的一部分。就像红光的频率比蓝光低一样，也一定存在比（可见）光频率更高或更低的电磁波——麦克斯韦在无线电波首次被证实之前 20 多年就预言了它的存在。

尽管听起来令人难以置信，麦克斯韦发现光、电和磁在某种程度上是一回事。这就是物理学的第二次大统一。

爱因斯坦出生在麦克斯韦去世的那一年，他觉得自己继承了麦克斯韦的衣钵。正如他曾在柏林对一名学生说的那样："我欠麦克斯韦的比欠其他任何人的都多。"[38] 爱因斯坦在生命的最后 30 年里一直致力于找到一个"统一场论"，这个理论为的是将物理学领域里支离破碎的方方面面统一成和谐的整体，从而完成挂在他墙上的那三位所开创的工作。

在爱因斯坦思考追着光束奔跑时，麦克斯韦方程已经有 30 年历史了。物理学的局面仍在不断变化着，这是一个充满想法的好时代。

第 9 个闪回　大学生活

爱因斯坦在苏黎世（1898 年）

苏黎世联邦理工学院建在城市的高处，坐落于树木繁茂的苏黎世堡的低坡上。学院在宽阔的雷米大道（Rämistrasse boulevard）上，毗邻同样辉煌的苏黎世大学，令人印象深刻的长长的建筑由浅沙色砖石建成，透着一股传统之美。1896 年，17 岁的爱因斯坦来到这里，周围杂乱的小路上挤满了咖啡馆、寄宿公寓和学生。

进入学校主楼，可见一个三层楼高的大门厅。排列整齐的柱子支撑着拱顶和露台，而拱顶和露台上还有更多的柱子，因此整个大厅感觉就像是一个被塞在狭小空间里的修道院。远处的门打开后，映入眼帘的是一幅壮观的景象：长满绿草的山坡上点缀着一些树木，倾斜向远处的城市。那儿有圣母大教堂针尖似的青色尖顶，还有格罗斯教堂的双子塔，瓦格纳（Wagner）曾把它比作胡椒罐。在老城区，还有文艺复兴时期的市政厅、银行和餐馆。

苏黎世的历史悠久，但又超然于历史。由于干净整洁和对商业的承诺，它可能有些枯燥乏味，但也保持着民主的传统和对自由的尊重。在世纪之交，它成了激进知识分子的天堂。罗莎·卢森堡（Rosa Luxemburg），这位对德国共产党的创立起到关键作用的革命家，在爱因斯坦来之前就已经在那里了。卡尔·荣格（Carl Jung）也将在 1900 年搬到那里。在第一次世界大战期间，詹姆斯·乔伊斯（James Joyce）和列宁（Lenin）在苏黎世得到过庇护，达达主义者也在那里，他们坚决拒绝艺术创作的传统。

爱因斯坦每月靠 100 法郎生活，这些钱是由他的富亲戚科赫提供的，再次陷入经济困境的父亲没有出钱。他在"保利"附近的学生宿舍里租了一间房，过着节俭的生活。他平时会戴着毡帽在街上闲逛，而他抽的烟斗长得令人发指，足有 1 码 ① 长。他经常独自学习，觉得自己是一个"孤独的流浪汉"[39]，但他也喜欢在咖啡馆或音乐之夜与众多朋友和熟人聚在一起，并经常在那些场合拉小提琴。

当时的苏黎世联邦理工学院主要是一所工科和师范类学院，学生不到 1000 人。爱因斯坦和其他 10 名一年级新生一起被 VIA 数学学院录取，那是"专门培养数学和物理教师的学院"。在爱因斯坦的同学里，路易斯·科洛斯（Louis Kollros）是面包师的儿子，当时正在接受数学专业训练；经常坐在他旁边听课的雅各布·埃拉特（Jakob Ehrat）非常焦虑，经常需要别人

---

① 约 91.4 厘米。——译者注

给他打气才能完成作业；马塞尔·格罗斯曼（Marcel Grossmann）是一个既有才华又勤奋的学生，他的父亲在城外拥有一家工厂。

没过多久，格罗斯曼就告诉他的父母："总有一天，爱因斯坦会成为一个伟人。"[40]爱因斯坦去过格罗斯曼位于苏黎世湖畔塔尔维尔的家，他每周会和马塞尔在大都会咖啡馆喝一次冰咖啡，他们在那里抽着烟，一边望着远处的码头，一边讨论哲学和学业。格罗斯曼是那种非常值得交往的朋友。老师们都很喜欢他，每次上课他都会到课堂，并认真地记笔记，他很乐意和爱因斯坦分享这些笔记。"他的笔记可以拿来直接发表。"[41]爱因斯坦后来写道，"在准备考试的时候，他总是借给我那些笔记，它们是我的救星。"

这不是假谦虚。与格罗斯曼不同，爱因斯坦不是一个模范学生，并且差得很远。正如自己承认的那样，他没有轻松掌握一切的才能，上课时注意力不集中，对布置的作业也不够认真。

在大多数情况下，他的数学课学得很费劲——大多数数学课成绩是 4 分（满分 6 分），相较而言，物理课成绩则是 5 分或 6 分。到后来，这位年轻人武断地认定学高等数学是浪费时间。除了初等数学之外，他觉得"那些所有看起来很微妙的东西，对物理学家来说都毫无意义"。[42]他感到，数学过于广博，他所有的时间和精力都可能耗费在一门没什么用的课上。他有一位数学教授是赫尔曼·闵可夫斯基（Hermann Minkowski），闵可夫斯基的授课内容特别密集，觉得"他从不为数学而烦恼"。[43]确实，闵可夫斯基记得他是一只"懒狗"。

起初，爱因斯坦并没有把这种懒散态度带到他的物理课上。他全身心地投入到物理学的理论和实验课程中，不但喜欢而且钦佩他的初级物理教授海因里希·韦伯——就是这位教授对爱因斯坦没能通过入学考试印象深刻。爱因斯坦对韦伯的课程充满了期待，他很少对其他人有这种感受。

然而，爱因斯坦对韦伯的钦佩并没有持续多久。到了第三年，他已经对韦伯不再有什么期待了。首先，韦伯喜欢让事物保持原样。他曾经因为爱因斯坦用纸不规范而让他重写整篇文章。反过来，爱因斯坦反对任何权威，更不用说强加于他的。他开始称呼韦伯为"韦伯先生"，而不是"教授先生"，故意冒犯教授应得的尊敬。到爱因斯坦快毕业时，这两个人的关系已经发展成了死敌。韦伯有一次对他说："爱因斯坦，你是个很聪明的孩子，一个非常聪明的男孩。可是你有一个大毛病，你从来不听别人说什么。"[44]

爱因斯坦产生逆反心理，大多因为他觉得韦伯在物理学史上花了太多时间。他觉得，教授没有探索这门学科的现在和未来。韦伯代表了 19 世纪末的一种常见的物理学观点：所有东西基本上都已经被整理出来了。很多人认为，牛顿早已阐明了世界的基本运行规律，在他之后，物理学家的任务就是好好填补物理知识里的空隙，更加精确地度量那些已经被发现了的定律的影响，用数学推导来解释各种现象。韦伯的课上没有讨论过物理学的最新进展。他无视所有与过去公认的知识相违背的东西。

当爱因斯坦发现韦伯显然无意探讨詹姆斯·克拉克·麦克斯韦关于电、磁和光之间联系的细节时，他更加沮丧。爱因斯坦不是一个会隐藏自己感情的人，别人能感觉到他的鄙视和失望。

爱因斯坦和他的同学们别无选择，只能自己去了解当时物理学正在发生的事情。与韦伯的保守观点相反，越来越多的证据表明，物理学并没有没落，它正在缓缓地迈入一个新时代。1895 年，威廉·伦琴（Wilhelm Röntgen）发现了 X 射线，那是一种可以穿过肉体的神秘物质。一年后，亨利·贝克勒尔（Henri Becquerel）在偶然间发现了放射性。又一年后，约瑟夫·约翰·汤姆逊（J. J. Thomson）发现了电子，它看起来是一种存在于原子内的微小粒子。海因里希·赫兹（Heinrich Hertz）在 1888 年制造并探测到了无线电波，在此过程中，他证实了麦克斯韦的电磁学理论。随着新世纪的到来，爱因斯坦和他的朋友们确信会有惊人的新发现，而他们就是使其成真的一群人。

爱因斯坦把本应该去上课的时间，花在了在自己的房间里"用非凡的热情"[45]研究最前沿的理论物理学上。在大量阅读的过程中，他遇见了路德维希·玻尔兹曼（Ludwig Boltzmann）。当时，原子的存在性仍然是个问题，玻尔兹曼认为，如果把气体想象成大量原子，会像弹珠一样相互反弹，就可以解释热力学定律。爱因斯坦还阅读了奥古斯特·弗普尔（August Föppl）的文献，弗普尔对"绝对运动"的概念提出质疑，认为只有相对于其他事物才能定义运动。此外，他还看了伟大的法国通才亨利·庞加莱（Henri Poincaré）的著作。庞加莱被称为数学领域"最后的全才"，他后来提出了一系列见解，非常接近狭义相对论的基础概念。庞加莱相信，正如他后来所写的那样，"绝对空间，绝对时间，甚至几何，都不是力学必需的条件"。[46]

爱因斯坦激怒的物理学教授并不只韦伯一个。负责实验物理课和实验室的让·佩尔内（Jean Pernet）也不喜欢他，而且理由很充足。爱因斯坦经常缺席佩尔内的课，以至于受到了"主任的斥责，说他不够勤奋"[47]。爱因斯坦和某位同学说，他认为教授疯了。然而只要爱因斯坦在实验室，他便是一个累赘。有一次，他把说明书扔进了垃圾桶，随随便便地做实验；还有一次，他引起的爆炸重重地弄伤了自己的右手，不得不暂停演奏小提琴一段时间。

在其中一门课上，佩尔内给了爱因斯坦最低分，这看起来像是在报复，但事实并非如此。他觉得有必要问问爱因斯坦，他究竟为什么学物理，而不是学医学、法律或语言学。"教授先生，因为我在这些学科上更没有天赋。为什么不试试自己在物理学方面的运气呢？"[48]

除了核心课程外，学校还要求学生选修一门专业以外的课程。爱因斯坦选的课程远远超出了学校的要求。他选的课程不拘一格，包括"山脉地质学""人类史前史""伊曼纽尔·康德哲学""科学思想理论""约翰·沃尔夫冈·冯·歌德作品研究"，以及一系列关于经济和政治的讲座："银行和证券交易""统计和人寿保险""收入分配和自由竞争的社会后果"。

苏黎世是爱因斯坦的安乐窝。他会和朋友弗里德里希·阿德勒（Friedrich Adler）谈论政治，或是在瑞士伦理文化协会（Swiss Society for Ethical Culture）消磨时间，在那里，他可以讨论社会改革或军事带来的危险。他经常周末去周围的山区郊游，他也喜欢在苏黎世湖上航行。只要一有机会，他就演奏音乐。某个夏天，当时爱因斯坦正和女房东的女儿在家里。突然，他听到从隔壁房子里飘来的莫扎特钢琴奏鸣曲的旋律，便把小提琴夹在腋下奔出了门，连领带也没系。"你不能这样出门，爱因斯坦先生！"[49] 房东太太的女儿在他身后喊道，但他已经走了。他冲到隔壁，爬上楼梯，撞见一位坐在钢琴边的老太太。她震惊地盯着这位年轻人。"继续弹吧。"他只说了一句话。很快，他便用小提琴和对方合奏了起来。

第 10 个闪回　挚友贝索

1896 年（也可能是 1897 年）开学前几个月的一个周六晚上，浓重的香烟烟雾笼罩在某个聚会上。人群中有一个 20 出头的矮个子男人，他长着浓密的黑胡子，头发粗糙，尖鼻子。倘若不是因为他的幽默，人们会以为他是个先知。这个人名叫米凯莱·安吉洛·贝索（Michele Angelo Besso）。

音乐家们演奏着莫扎特还有贝多芬的曲子。欣赏音乐的听众在他们旁边围作一圈。其中，小提琴手的才华尤其出众。他大约 18 岁的样子，一看就是个学生，深色的头发，留着整齐的小胡子，还有一种令人羡慕的精力和自信。在他演奏完后，贝索看出有几个人喜欢上了他。他想，女老板一定很高兴，因为好的小提琴手很难得。

晚上稍晚的时候，有人给他们做了介绍。

"阿尔伯特·爱因斯坦。"小提琴手的嘴里叼着烟斗，笑着自我介绍。

"我叫贝索。"

这位小提琴手本身就是快乐，他眼中的那种超然的快乐从未完全消失过。他反应很快，很有趣，而且很容易沟通。两人很快就发现彼此有着很多共同之处。爱因斯坦正在理工学院学习，而贝索几年前刚毕业，当时在离苏黎世大约 14 英里①的温特图尔的一家电气机械厂工作。他们都是犹太

---

① 约 22.5 千米。——译者注

人。贝索一直保持着对物理学的兴趣，他很高兴能和这样一位知识渊博、对物理学充满热情的人交谈。他们讨论了光是波还是粒子。

贝索和爱因斯坦成了最好的朋友。和爱因斯坦一样，贝索在一定程度上也不太尊重权威——小时候，他也曾被要求退学，因为他发起了反对数学老师的请愿。同时，他也思想开放，渴望了解基本原理。爱因斯坦在 1926 年写道："贝索的强项在于过人的智慧，以及对职业和道德责任的无限操守，而他的缺点是不够果断。"[50]

这两个人也都容易出神。爱因斯坦有丢钥匙的习惯，虽然令人懊恼，却也很是可爱，而贝索可能更加糟糕。有一次，有人要他检查一下米兰郊外新安装的电线。他晚上出发，但没赶上火车。第二天，等他想起来这件事时，已经太晚了。第三天，当他到达发电站时，令他惊慌的是，他已经完全不记得自己去那里是要干什么了。他不得不寄一张明信片到办公室，要求把工作内容发电报告诉他。正如爱因斯坦说的，"米凯莱是一个可怕的笨蛋"[51]——一个笨手笨脚的无能傻瓜。

在这两个人的一生里，他们彼此了解，彼此珍惜。在苏黎世，爱因斯坦还在一个聚会上把他的这位朋友介绍给了安娜·温特勒（Anna Winteler）——他前女友的大姐，据说，她曾偷看到爱因斯坦和玛丽接吻。安娜和米凯莱后来成了夫妻。在苏黎世，只有一种关系的建立对爱因斯坦来说是更重要的。

第 11 个闪回　米列娃

米列娃·玛利奇（1896 年）

米列娃等了一个多月才给爱因斯坦回了第一封信：

我本想立即回信，想感谢你不辞辛苦写 4 页长信，也想表达我们在一起旅行时你给我带来的快乐，但你说我应该在某天碰巧觉得无聊时再给你写信。而我又很听话……我等了又等，等待着无聊降临。但到目前为止，这些等待都是徒劳的。[52]

米列娃·玛利奇是塞尔维亚人，在北部的伏伊伏丁那（Vojvodina）省长大。1875 年，在米列娃出生时，伏伊伏丁那省属于匈牙利南部。它位于哈布斯堡王朝和奥斯曼帝国的交界处，是一片低地，主要的居民是难民和殖民者。伏伊伏丁那是边疆，具有边疆地区固有的特点：那里的人坚定而务实，并且野性十足，带着一股牛仔的气息。米列娃身上流着强盗的血，这是她父亲常对她说的，她也常这样说。

米列娃进入理工学院时 21 岁，是爱因斯坦班里唯一的女性，她比爱因斯坦大三岁多一点儿。在她幼时，曾流连于顶级学校之间，她的学业都很出色，尤其是在物理学和数学方面，并且，她总能得到雄心勃勃的慈父的支持。由于他的支持，米列娃成为奥匈帝国第一批和男孩一起上高中的女孩。

她天生髋关节脱位，走路时有些瘸，一般人都觉得她没什么魅力。"她似乎是个很好的姑娘，"她的一位朋友用文字描绘道，"非常聪明，也有点儿严肃，个子矮小、身子虚弱、黑头发、不好看。"[53] 她很害羞，常常郁郁寡欢，但又带着些许坚毅。她对知识的热情有时会爱屋及乌。她似乎有些深沉而神秘，而且脾气不好。

在苏黎世的第一年里，她和自信的德国小伙儿爱因斯坦会选相同的必修课——画法几何、微积分、力学，等等。在这段时间里，他们的关系已经不仅仅是彼此有好感了。两人曾在 1897 年的暑假结伴徒步旅行。

然而，新学年伊始，米列娃便决定不回苏黎世，而是去海德堡大学旁听。在某种程度上，她做出这个决定，似乎是因为她对爱因斯坦不断发展的感情感到担忧，这威胁到了她的人生目标。米列娃不在身边的时候，爱因斯坦同她建立了通信关系。

6 个月后，玛利奇回到苏黎世。爱因斯坦以帮她补上落下的功课为借口，和她缠在一起，二人很快就成了恋人。"我们非常了解彼此心底的想法，"他写道，"我们也一起喝咖啡、吃香肠。"[54] 他们都很顽皮淘气，有着很深的亲密关系，同时又很超脱。

爱因斯坦因米列娃的头脑而爱她。"能有一个小博士做我的甜心，我将多么自豪啊。"[55] 他曾经在给她的信中写道。他们的关系和学习密不可分，并且变得几乎被学习占满。在最初的日子里，他们会互相借书，一起读课本，讨论彼此共有的天赋和激情。有一次，爱因斯坦发现自己又被锁在了楼外，就直接去了米列娃的公寓，当时屋子里没人，他拿走了他们正在读的书，并留下一纸道歉，上面恳求道："不要生我的气。"[56]1899 年，他和家人一起去度假，那是他们在理工学院的第三年，他写信给米列娃，想象着回来后他们能有一个完美的约会。他们将去攀登苏黎世郊区的一座山，然后开始一起研究赫尔曼·冯·亥姆霍兹（Hermann von Helmholtz）关于光的电磁理论。

这并不是说他们的爱情只有更高境界的浪漫——爱因斯坦也爱她的灵魂和身体。在某封信的结束语中，他写道："友好的问候，以及其他，尤其是其他。"[57] 当然，他们也会感受到相互陪伴所带来的家庭乐趣。玛利奇喜欢照顾她那不同寻常的男友，而他也很喜欢被她责备。和米列娃在一起时，爱因斯坦会开一些她讨厌的玩笑。

"我跟你讲过那个老妓女的故事吗……"[58]

"阿尔伯特！"

然后他会突然大笑起来。

爱因斯坦的朋友们不以为然。他们确信，相较于比他大三岁，而且忧郁又丑陋的瘸腿女孩，他本可以找个更好的。

有人说："除非这个女人绝对健康，否则我永远不会有勇气娶她。"[59]

"但是她的声音很好听。"爱因斯坦答道。

米列娃的朋友对这种状况同样不满意。爱因斯坦或许很帅，但他也很邋遢，头发乱蓬蓬的，而且大部分衣服上有洞。他神情茫然，也有点儿古怪。有时候，他似乎会进入一种恍惚的状态，沉浸在自己的思想中，对周遭世界浑然不觉。为了他，玛利奇会和他们争辩，但收效甚微。

但爱因斯坦和玛利奇不需要别人的意见。他们觉得自己高于别人。"我们还是学生……只要我们还活着，就不用理会这个世界。"[60]他开始越来越多地待在她的公寓里，以至于他的母亲决定把爱心包裹转寄到玛利奇的地址。

到最后一年，爱因斯坦开始称她为"多莉"（Dollie），并用他的创造力发明了许多其他名字，包括他的"小女巫""亲爱的小猫""亲爱的小天使""小黑妞""小青蛙""小右手"。米列娃开始叫他"约翰塞尔"（Johonsel），也就是"约翰尼"（Johnnie）。在那段时间里，信的内容很简单：

我亲爱的约翰尼：

因为我太喜欢你了，而且你离我那么远，不能给你一个轻轻的吻，所以我写下这封信，是想问问你，你是否像我喜欢你一样喜欢我呢？马上回答我。

给你千万个吻

多莉[61]

第 12 个闪回　婚事之争

1900 年 7 月，阿尔伯特在期末考试结束后，来到了瑞士中部的小村庄梅赫陶尔（Melchtal）。他带了一大堆物理书，和家人一起在那里度假。

等到了旅馆后，阿尔伯特去了母亲的房间。话题首先是成绩，他不得不承认自己考得不好。事实上，他的成绩是全班倒数第二名，而玛利奇根本没能毕业。

"那么，多莉有什么打算呢?"[62] 保利娜问道，至少语气很平淡。

"我要娶她。"阿尔伯特答道。

这句话的结果如阿尔伯特所料。他的母亲一头倒在床上，把头埋在枕头里哭了起来。当她缓过来后，便开始责备他："你这是在自毁前程，挡住自己的人生之路……那个女人不能成为一个有体面的家庭的一员。"她还指责他与玛利奇发生关系。阿尔伯特愤怒地否认他们一直生活在罪恶之中。

正当阿尔伯特想夺门而出时，母亲的一位好友进到屋里。她是阿尔伯特和母亲都喜欢的贝尔（Bär）夫人，她身材矮小，但对生活充满了热爱。争论停了下来，紧张的气氛也瞬间消失。他们都坐下来，开始优雅地闲聊——天气很好啦，水疗中心来了新客人啦，周围的孩子特别淘气啦……随后，大家下楼用餐，就像什么事也没发生过一样，他们甚至还在深夜欣赏了美妙的音乐。但在那晚行将结束，母子终于又有独处的机会时，保利娜和阿尔伯特又开始争吵起来。

阿尔伯特的父母一直不喜欢玛利奇，他们的反对理由和他的朋友们一样：她长得丑、年纪大、生性悲观严肃、身体残疾。起初，人们都确信阿尔伯特的新恋情不会持续太久——毕竟，在多数情况下，他依然会和遇到的女孩子调情。1899 年，全家曾去梅特门施泰滕（Mettmenstetten）过暑假。那时的阿尔伯特和米列娃已是情侣关系，但他也邀请了另一位来自苏黎世的女生同行。他在镇上的天堂旅馆驻足时，还和旅馆老板的 17 岁姻妹安娜·施密德（Anna Schmid）过从甚密，甚至还给她写了一首情诗，怂恿她和他接吻。

在梅赫陶尔的随后几天里，保利娜又提及此事——"当你 30 岁的时候，她会变成一个丑老太……她和你都像是一本书，但你需要的是一个妻子。"——结果同样没什么用。当确定阿尔伯特很坚决，而这种说辞也没什么效果时，母亲便又恢复了原来的仪态。

阿尔伯特在信中将这些事情愉快地告诉了玛利奇，丝毫没有对她隐瞒细节。但一切都好，阿尔伯特说，他违抗了母亲的命令，选择了她。

第 13 个闪回　求职坎途

爱因斯坦开始找工作了。他先去了苏黎世联邦理工学院，看能否成为某位教授的助理。毕业生得到这样的职位并不罕见，先走这一步似乎合乎情理。然而，爱因斯坦遇到了麻烦。他的两位物理学教授都觉得他不但鲁莽，而且我行我素起来非常恼人。逃课的旧习对他也没什么好处。韦伯和佩尔内那里都没有机会，他的某位数学教授也拒绝了他。事实上，在理工学院的同学里，他是唯一没有找到工作的应届毕业生。

在接下来的两年里，他在做代课老师和家教的同时，写了很多求职信。"从北海到意大利南端的每一位物理学家，都快要以收到过我的求职申请为荣了。"[63] 他在给玛利奇的信中写道。到 1901 年 4 月，他开始在信封里放上一张已付邮资的明信片，希望借此能收到回信。他很少这么做。

在他四散飘零的求职信中，有一封是写给莱比锡的威廉·奥斯特瓦尔德（Wilhelm Ostwald）的。他是那个时代最伟大的科学家之一，曾于 1909 年获得诺贝尔化学奖。

1901 年 3 月 19 日

尊敬的教授先生！

受您在普通化学方面研究的启发，我写了一篇文章，并冒昧地寄给您一份。同时，请允许我冒昧地问一下，您是否需要一个熟悉绝对测量①的数学物

---

① 指被测的量可以从仪器上直接读出数值的测量方法，其特点是被测量可以直接和标准量进行比较。——译者注

理学家。我这样请求仅仅是因为我没有收入，只有这样的职位才能给我提供额外教育的机会。[64]

爱因斯坦没有收到回信，于是他又写了一封信：

1901 年 4 月 3 日

尊敬的教授先生！

几个星期前，我曾冒昧地从苏黎世给您寄去了一篇我发表在《魏德曼年鉴》上的短文。

因为您的评价对我很重要，而且我也不确定自己是否在信中写了我的地址，所以谨在此附上。[65]

当然，爱因斯坦在前一封信里已经留下了他的地址，这个小把戏相当明显。他沮丧且绝望，而其他求职申请也是如此。他在写信给奥斯特瓦尔德时，正和父亲一起住在米兰。赫尔曼·爱因斯坦默默地关爱着他的儿子，以至于最后决定亲自给奥斯特瓦尔德写信。

奥斯特瓦尔德没有回复这些信件，但 9 年后，他率先提名爱因斯坦作为诺贝尔奖候选人。

第 14 个闪回　服役记录

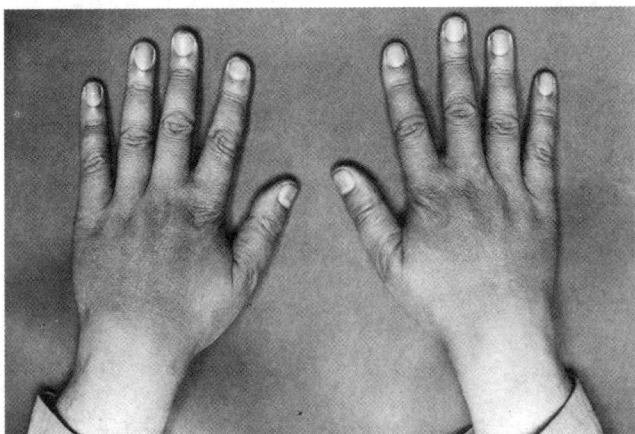

爱因斯坦的手（1927 年）

1901 年 2 月，在成为瑞士公民后，21 岁的爱因斯坦按规定去服兵役。他的服役档案记录了以下健康检查结果：

身高	171.5 厘米 [5 英尺 7 $\frac{1}{2}$ 英寸]
胸围	87 厘米 [34 $\frac{1}{4}$ 英寸]
上臂	28 厘米 [11 英寸]
疾病或缺陷	静脉曲张，扁平足，足多汗症[66]

他被认为不适合服役。

第15个闪回 "喜"事临门

你一定要来科莫看我，可爱的小女巫……来科莫找我，带上我的蓝色睡衣，这样我们就可以把自己裹在里面了……带上你那快乐轻快的小心脏，以及清醒的头脑。我保证会给你一次前所未有的奇妙旅行。[67]

玛利奇只是稍稍犹豫，便兴奋地接受了这个邀请。他们无法再忍受等待的煎熬，约定在1901年5月5日相会。

今天晚上，我在窗前坐了两个小时，思考着如何确定分子间相互作用的规律。我有个好主意……

啊！写信真傻！我要在星期天当面吻你。愿团聚快乐！向你问好并送上拥抱。

阿尔伯特
又及：爱你！[68]

当米列娃出现在位于科莫湖最南端的科莫火车站时，爱因斯坦正"双臂张开，心脏狂跳"[69]地等待着她。他们在那里停留了一天，在还保留着城墙的古老城镇的广场上漫步，赏玩了哥特式大教堂和中世纪的市政厅。在那里，他们登上了一艘会在各个村庄间停泊的轮船，悠闲地驶向湖的北端。

第二天，他们出发去翻越位于意大利和瑞士之间的施普吕根（Splügen）山口。按照玛利奇的记录，山被厚厚的积雪覆盖，有些地方厚达6米。

因此，我们租了一辆很小的雪橇，就是那里常用的那种，只够挤下两个相爱的人，车夫站在后面的小木板上，一直叽里呱啦地称你为"夫人"——你还能想到什么比这更美妙的吗？……雪一直下得那么大，我们先是穿过长长的廊道，然后驶上开阔的道路，那里除了雪什么也没有，目力所及的地方都是白茫茫一片，这无边无际的寒冷让我寒颤不已，我把我的心上人紧紧地抱在怀里，大衣和披肩把我们裹得严严实实。[70]

他们步行下山，玩得很开心，一点儿也不觉得劳累。"我们在安全的地方制造雪崩，恰如其分地给下面的人制造一些惊吓。"

几天后，爱因斯坦在给玛利奇的信里写道："上一次，当你同意我按照大自然创造的那样，把你这个亲爱的小宝贝抱在怀里时，我是多么快乐啊！为此，让我热烈地吻你吧，我亲爱的、善良的灵魂！"[71]

假期结束时，米列娃怀孕了。

第 16 个闪回　长女莉泽尔

几个月后，米列娃还要重新参加理工学院的考试。她独自一人住在苏黎世，肯定会被自己的处境吓倒。她想，爱因斯坦连自己都照顾不了，更别说养活她了。

爱因斯坦在信中对她的担忧进行了回应。然而信的开头充满了激情和喜悦，内容是他刚刚读到一篇关于阴极射线的物理论文："在这篇美妙的文章的影响下，我充满了幸福和喜悦之感。"[72] 随后，他向玛利奇保证，他不会像她担心的那样离她而去，而是会让一切走上正轨。他告诉她，他会找工作，随便什么工作都行——即使到保险公司去找一份差事——只要他找到工作，他们就结婚。

米列娃希望孩子是个女孩，于是给孩子起名叫莉泽尔（Lieserl），这是伊丽莎白（Elizabeth）的缩写。但爱因斯坦想要一个男孩，他偶尔会逗趣地把孩子叫作汉泽尔（Hanserl）。不过，在大多数情况下，爱因斯坦并没有太在意怀孕这件事。他在信里谈到，当孩子出生后，他和玛利奇可以回归到不受世界干扰、沉浸于学习的状态。"我们的小儿和你的学位论文怎么样了？"[73] 有一次他写信给她。

在当时的环境下，一旦米列娃怀孕，他们两人就不能一起出现在公共场合，但爱因斯坦似乎是特意不去见她的。当她要求他去苏黎世看望自己时，他却选择同母亲和妹妹一起去度假。1901 年 7 月，玛利奇第二次考试仍然没能通过。几个月后，她去了瑞士沙夫豪森（Schaffhausen）附近的一个村庄，爱因斯坦正在那里做家庭教师，但他似乎很少去看她，有时候，他会以没钱做短途旅行为由，取消探望。

大约在 1902 年 1 月底，米列娃在塞尔维亚的家乡诺维萨德（Novi Sad）生下了莉泽尔。这次分娩很艰难，之后玛利奇的身体非常不好。爱因斯坦则打趣道：

"果然如你所愿，生下来的是小女孩莉泽尔！"[74] 他写道，"她健康吗？她哭得正常吗？她有一双什么样的小眼睛呀？她更像我们中的哪个？……她饿吗？……尽管知道得不多，但我很爱她！"

即便如此，他还是没去看望他那刚出生的孩子。

那时，爱因斯坦面临着很多亟须解决的问题，尤其是他可能在不久之后，要去伯尔尼市干一份新工作。马塞尔·格罗斯曼说动了他的父亲，帮忙为爱因斯坦解决失业的痛苦。老格罗斯曼认识瑞士专利局局长，知道那里或许有一个职位。他为爱因斯坦说了几句好话。当专利局发布"三级技术专家"的招聘启事时，职位的说明就是专门为爱因斯坦量身定做的。局长写信对他说，他是这个职位的最佳人选。

1902 年 6 月，瑞士议会正式选择爱因斯坦担任该职位，薪水 3500 法郎。不过，倘若有人知道他还有一个私生子，那么就很难通过试用期。因此，他对所有新老朋友都绝口不提他还有个女儿的秘密。米列娃搬回瑞士时，没有带上女儿一起。1903 年 8 月，19 个月大的莉泽尔得了猩红热。米列娃急忙回去看她。关于莉泽尔的命运，我们几乎一无所知。她可能死了，也可能被人领养，在父母的生活里，已经没有了她这个角色。爱因斯坦和玛利奇把女儿从历史中抹去，其彻底程度简直出人意料。爱因斯坦的父母和妹妹完全不知道这个孩子的存在，他后来所生的两个儿子也是如此。他们销毁了那个时期的信件，而爱因斯坦再没有提起过莉泽尔。

第 17 个闪回　奥林匹亚学院

康拉德·哈比希特、莫里斯·索洛文和爱因斯坦（1903 年）

在等待专利局工作期间，爱因斯坦搬到了伯尔尼，他租住在正义街（Gerechtigkeitsgasse）——那是一条宽阔的倾斜街道——的某栋灰色薄楼的二楼公寓里。在此期间，由于需要赚些钱，他在当地的报纸上刊登了一则教授数学和物理学的私人课程的小广告，授课人"阿尔伯特·爱因斯坦，联邦理工学院师范文凭"[75]。

1902 年复活节^①假期的一天，爱因斯坦家的门铃响了。"来啦！"^[76] 他吼道，随后打开门看了看来访者。在阴暗的走廊里，站着一个 26 岁的男人，他并不十分英俊，但衣着得体，表情沉着冷静，留着短发，蓄着法式胡须。他介绍自己叫莫里斯·索洛文（Maurice Solovine）。他解释说，他在翻报纸时，看到了爱因斯坦先生的广告，就立刻顺着上面提到的地址找了过来。他觉得爱因斯坦或许可以教他理论物理。

从此，一段长达一生的友谊开始了。他们的第一次课就聊了两个小时，既谈物理也谈哲学。当索洛文准备离开时，爱因斯坦陪他走到街上，为的是能再谈上半个小时，随后，他们约定第二天再见面。在第二节课上，他们全然忘记了物理学。第三天，爱因斯坦对索洛文说："事实上，你不需要物理学辅导，我们对由此引发的问题的讨论更有趣。常来看看我吧，我很高兴见到你。"^[77]

这两个人决定阅读并讨论一些伟大的思想家的著作，几周后，爱因斯坦的另一位新朋友康拉德·哈比希特（Conrad Habicht）也加入了他们。哈比希特是一个银行家的儿子，他搬到伯尔尼是为了完成学业，并希望自己成为一名数学教师。诸如《什么是数》《论事物本身的性质》等书籍在他们三人之间传阅。亨利·庞加莱的《科学与假说》让这个小团体着迷了好几个星期。他们还阅读戏剧和查尔斯·狄更斯（Charles Dickens），以及哲学家大卫·休谟（David Hume）、巴鲁赫·斯宾诺莎（Baruch Spinoza）和恩斯特·马赫（Ernst Mach）的作品。他们通常在其中一个人的家里或博尔维克咖啡馆（Café Bollwerk）进行讨论。不管在哪里，他们吃得都很省。"桌上通常只有一根博洛尼亚香肠、一块格吕耶尔奶酪、一种水果、一小瓶蜂蜜

---

① 1902 年的复活节是 3 月 30 日。——译者注

和一两杯茶。但我们的快乐不可胜数。"[78] 爱因斯坦偶尔还会拉小提琴给他的朋友们听。

索洛文戏称他们的迷你俱乐部为奥林匹亚学院。爱因斯坦虽然是最年轻的，但被选为院长，并赢得了"阿尔伯特·里特尔·冯·斯泰斯拜因"（Albert Ritter von Steissbein）的称号（其大意为"阿尔伯特爵士，臀部骑士"）。他们为此制作了一张证书，在一串香肠下面画了一幅爱因斯坦的半身像，上面的题词是：

他精于高贵的艺术，通晓各种文学形式，引领时代走向学识，是一位博学的全才，他满腹精致、微妙、优雅的知识，沉浸于宇宙的革命性科学之中，对自然事物了然于心，是一位心灵最平静、举止最高尚的人，他从不怯于公民义务，是那些传说中乐于接受的芸芸众生最有力的向导，是精神贫瘠的教徒最可靠的大祭司。[79]

他们玩得很开心。有一天，他们三人在城里的拱廊街道闲逛，路过一家熟食店。在琳琅满目的美味的稀有食物里，有一些鱼子酱。索洛文对其赞不绝口。

"真有那么好吃吗？"[80] 爱因斯坦问道。

当爱因斯坦吃到一种陌生或新奇的食物时，他会变得异常兴奋，并用最热情、最奇妙的语言来描述它，这会让他的朋友们很开心。索洛文和哈比希特都觉得他们应该攒点儿钱，在爱因斯坦生日的时候买一些鱼子酱送给他，并借此看看他会怎么评论。当 3 月 14 日到来时，索洛文在他们盘子里放了一堆鱼子酱，代替平时的博洛尼亚香肠。在他们就座时，爱因斯坦正热烈地讨论着伽利略（Galileo）的惯性原理，这个问题深深地吸引着他，以至于虽然一口又一口地吃着鱼子酱，但丝毫没有察觉，而是继续讨论着惯性。哈比希特和索洛文几乎都没在听他说，他们惊讶地互相瞥了一眼。

爱因斯坦吃完了他的盘中美味。

索洛文嚷道："喂，你知道自己刚刚吃了什么吗?"[81]

"哦，天呐，"他回答道，终于意识到自己一勺勺吃的是什么，"这就是著名的鱼子酱吧?"

一阵令人目瞪口呆的沉寂。

"没关系，"爱因斯坦继续说，"把最美味的菜肴端给农夫是没有意义的，他们不懂欣赏。"

但他的朋友们决定让他再享用一次鱼子酱。几天后，他们又买了一些给他，这次他们一边哼着贝多芬第八交响曲的旋律，一边唱道："现在我们在吃鱼子酱……现在我们在吃鱼子酱……"

索洛文只缺席过一次聚会。那次轮到他主持，但那天晚上他恰好发现有几张便宜的捷克四重奏的演出门票，于是他决定去听音乐会。作为补偿，他给伙伴们留了 4 个煮熟的鸡蛋，因为他知道他们特别喜欢煮鸡蛋。他还留下了一张拉丁文的便条，上面写道："Amicis carissimis ova dura et salutem[82]（给亲爱的朋友们送上硬煮蛋和问候）。"他让房东太太转告爱因斯坦和哈比希特，说他有急事被叫走了。

他们当然不会上当。吃完鸡蛋后，因为知道索洛文讨厌烟草，爱因斯坦拿出烟斗，哈比希特拿出大大的雪茄，像着了魔似的抽了起来。他们把雪茄烟头和慢慢燃烧的烟灰放在一个碟子里。此外，他们还把索洛文的家具和个人物品堆在床上，这堆东西高得几乎能碰到天花板。临走，他们在墙上留了张字条："Amico carissimo fumum spissum et salutem（给亲爱的朋友送上浓浓的烟雾和问候）。"

夏天晚上，当聚会结束后，他们有时会去爬位于城市南部的古尔滕（Gurten）山。他们会整夜在温暖的星空下散步，讨论天文学。"我们会在黎明时分到达山顶，看着太阳慢慢地从地平线升起，最后发出灿烂光芒，给阿尔卑斯山染上神秘的玫瑰色。"[83] 他们会在柔和的橙色晨光中等待山顶餐厅开门，然后在下山前喝一杯黑咖啡。

1903 年 1 月，当爱因斯坦和玛利奇在伯尔尼结婚时，索洛文和哈比希特是仅有的两位宾客。

第 18 个闪回　专利局的一天

爱因斯坦在伯尔尼专利局（约 1905 年）

在办公室的一天（1904 年）

夫妻互祝都有美好的一天。他们的儿子汉斯·阿尔伯特现在已经有几个月大了，他在爱因斯坦出门的时候哭了起来。爱因斯坦走下狭窄的楼梯，走进屋外那清晨的喧嚣里。今天天气不错，好像夏天又回来了。他穿着浅色格子西装三件套，打着一条漂亮的丝绸领带。他的头发没有乱蓬蓬的，胡子也是修过的。他尽力做到看起来体面整洁。

爱因斯坦沿着鹅卵石铺成的街道走着。正前方是泽特洛格（Zytglogge）钟楼，这座著名的钟楼被整齐的公寓环绕着，耸立在老城门上，钟面上有文艺复兴时期的星盘和装饰着太阳形脸的分针。离 8 点还差一些时间。几分钟后，爱因斯坦来到火车站附近的根弗加斯（Genfergasse）。邮政电报管理局大楼就在那里，那是一栋坚固的新古典主义建筑，与大多数新办公大楼一样，它那自以为是的冷峻尚可接受。专利局就在顶层。

他微笑着和同事们打招呼，寒暄好天气。约瑟夫·绍特（Josef Sauter）已经上班，米凯莱·贝索也已到岗，贝索是他在苏黎世时最亲密的朋友之一，这似乎已经是很遥远的事情了。几个月前，在爱因斯坦的鼓动下，贝索开始了办公室生涯。爱因斯坦在长长的房间里走着，很快便在一张结实的木桌前坐了下来。

爱因斯坦喜欢这份内容既丰富又刺激的工作。今天，有一份打字机的申请，还有一份照相机的申请。他几乎马上就驳回了后者，那是一种电子工程设备，因为材料写得有问题。专利官员的工作是确定每项发明是否确实是新的，或者它们是否侵犯了其他专利。更加重要的是，官员还必须辨别发明是否真的有效。爱因斯坦的上司弗里德里希·哈勒尔（Friedrich Haller）虽然粗鲁，却是一个受人尊敬的聪明人，他教爱因斯坦用正确的方式处理表格："当你拿起一份申请表时，要认为发明者所陈述的一切都是错的。"[84]他还告诉他，在批复时要保持警惕，尽量驳斥每一项假设。这些建议与爱因斯坦的思维方式不谋而合，它们对他的科学研究和日常工作都很有用。

爱因斯坦会在办公桌前吃午饭，解一些谜题或是眺望窗外。绍特——他也曾在理工学院学习，比爱因斯坦还早一点儿——会溜过去问他是否想参加下周的学会会议。通过这位学长，爱因斯坦被引入伯尔尼的科学界，他经常作为嘉宾参加自然科学学会的会议。他甚至还做过一次讲座，在某次关于兽医学的讲座之前，他探讨了电磁波。据说，这个月会有一些关于犀牛的讨论。爱因斯坦很肯定地对绍特说，他很期待学会的会议。

午休后不久，爱因斯坦便能完成当天的正式工作。他经常会在两三个小时内快速完成申请审核。这样他就可以从抽屉里拿出他的物理笔记，把它们偷偷地摊在桌上。他在凳子上摇来摇去地做自己的研究。哈勒尔经过时，他会迅速把那堆乱七八糟的文件塞回书桌抽屉，尽量装出很忙的样子。哈勒尔则礼貌地假装没有发现——毕竟，爱因斯坦先生很擅长他的工作。

当时光老人的机械身影出现在不远的泽特洛格钟楼上，开始报时的时候，一天的工作就结束了。爱因斯坦等着贝索收拾好东西，两人便一起下班，他们会在路上谈论物理学——或者更准确地说，爱因斯坦说，贝索听，然后偶尔提出一些问题。爱因斯坦会向贝索夫妇道别，并答应很快邀请他们共进晚餐——上次他们曾一起度过一个美好的夜晚，安娜和米列娃很谈得来。街道和时间在他脚下悄悄溜走，他到家了。

公寓里，汉斯·阿尔伯特又哭了起来，米列娃正在哄他。她问丈夫今天过得怎样。爱因斯坦两眼放空，心里想着什么。他把自己和米凯莱一直在讨论的事情告诉了她，然后抱起儿子——他真是一个英俊的小男孩呀！他和妻子聊了一会儿，但心里仍然惦记着小尺度下的热力学。在他们安定下来之前，他真的应该做些研究。倘若能多发表几篇论文，或许他就能小有名气了。

第19个闪回　业余发明家

　　爱因斯坦在专利局的那段时间通常被认为是他科学思想的黄金孵化期。他不在学术圈，没有持续发表论文的压力——因为没有上升通道，所以他的想法可以独立而缓慢地成长和发展。此外，他的办公室工作促进了他天生的批判本能，也提高了他从视觉感受和基本假设中推断复杂系统的能力。

　　不过，在作为技术专家的这些年里，爱因斯坦不仅成了一名理论物理学家，也成了一位合格的工程师。他是在新技术和新机械的环境里长大的——他曾在父亲的工厂工作，他的叔叔雅各布也发明过数种具有专利的电子设备。爱因斯坦一生中有许多属于自己的专利。

　　20世纪20年代中期的一个早晨，爱因斯坦偶然读到一篇文章，说有一家人因为冰箱里的有毒气体泄漏而死在床上。那时，机械冰箱刚刚开始走进家庭（爱因斯坦一家仍在他们的公寓里使用冰盒子），但还没有发明无毒的制冷剂。爱因斯坦有感于这个故事，开始考虑是否能发明出一种更加安全的替代品。

　　为了得到帮助，他聘请了柏林大学一位才华横溢的年轻物理学家利奥·西拉德（Leo Szilard），这位青年才俊后来在原子能的发展中举足轻重，也为建立曼哈顿计划发挥了重要作用。他们二人申请了好几项冰箱设计的专利，其中一项只需要外部热源就能运转。爱因斯坦巧妙地利用电磁原理设计了一个电磁泵，将其作为冷却系统的一部分。泵的作用就像一个活塞，来回移动液态金属，尽管里面并没有机械运动部件。不幸的是，冰箱效能不高，而且发出的声音听起来有点儿像哀号的女妖。尽管有人感兴趣，但这个项目并没出什么成果。

爱因斯坦的其他发明还包括他与德国发明家鲁道夫·戈德施密特（Rudolf Goldschmidt）共同设计的助听器。这种"电磁声音装置"会把声音信号转换为电信号，然后把它传送到贴在头骨上的薄膜，这样骨头就可以把声音传导到耳朵里。戈德施密特和爱因斯坦在 1934 年取得了该项专利，但彼时第三帝国已经崛起，它破坏了两人的合作关系，爱因斯坦也没再回过欧洲。

一年后，他与朋友古斯塔夫·彼得·布基（Gustav Peter Bucky）合作，忙于开发各种项目。两人发明了一种透气的防水织物，然后提交（后又撤销）了一款大衣设计，这种大衣由紧密的织线制成，织线与织线的间隔和水滴一样大。同时，他们还忙着制造一种能根据光线强弱自动调节的相机。光线会照射到相机里的光电池上，而光电池则与各种不同透明度的光屏相连。光强会决定哪块屏幕滑到镜头前。和往常一样，爱因斯坦的发明从未真正引起过商界的兴趣。两年后，柯达推出了自研的自动曝光相机。

第 20 个闪回　光电效应

1905 年的物理学家认为，光是一种波。这是毫无疑问的，它是经过实验验证的事实，也是一个多世纪以来的理论基础。无论是恒星还是萤火虫发出的光，都会均匀地在空间里传播，而且肯定是以电磁波的形式。

1905 年的爱因斯坦异常忙碌。他仍然每周在专利局工作 6 天，有一个一岁的儿子要照顾。那一年，他为一家学术期刊撰写了 21 篇评论。他还在 5 月搬了家。然而，他在 6 个月内成功发表了 5 篇科学论文，而其中的 3 篇最终改变了物理学。

他的第一篇论文是在 3 月完成的，题目是《关于光的产生和转化的一个试探性观点》。这是他写过的最具革命性的作品。在文章里，他提出光应该被认为是一束粒子流。

他特地提出了现代物理学的一个核心问题：世界从根本上是连续的还是不连续的？借用哲学家和数学家伯特兰·罗素的比喻，世界是一桶糖浆还是一桶沙子？在物理实在的最深处，事物是光滑、完整且连续的整体，还是由粒子组成的颗粒？越来越多的人——尽管仍有争议——达成共识，认为物质是由原子组成的。然而，光的不可分割性依旧岿然不动。这种不一致令人烦恼不安，因此科学家们一直把注意力集中在这两种相互冲突的观点的交汇点上。人们希望通过研究光和物质的相互作用，来揭示自然界那令人困惑的运作方式。

很多工作聚焦于研究所谓的"黑体辐射"，它是这类相互作用问题里比较有希望的重要案例。众所周知，受热后物体先是呈现红色，当更热后会变成黄色，继续加热后呈白色。当玻璃被加热时，它不会发出令人振奋的绿色或浅栗色光，而是发出红光，然后是黄光，最后是白光。为了研究这种辐射，德国物理学家古斯塔夫·基尔霍夫（Gustav Kirchhoff）等科学家制造了一种可以加热并保持在某一精确温度的烤炉，这样就可以精确测量并记录从烤炉内部发出的光的波长的差别。

人们发现，烤炉内部发出的光的波长只受烤炉温度的影响。无论烤炉用什么材料制成或是做成什么形状，相同的温度只会产生相同颜色的光。比方说，铁被加热到 700 度时发出的光谱与其他任何固体元素在 700 度时发出的光谱完全相同。这些发现无疑是对的，但有一个问题。没有人能对这种状况给出数学解释，也没有人能解释其中的真正含义。在这个案例中，光与组成烤炉壁的原子相互接触。连续性和不连续性紧紧纠缠在一起，似乎是有什么地方出了问题。

这种情况直到 1900 年才得以解决，当时马克斯·普朗克（Max Planck）引入了"量子"的概念，并由此使物理学走上了现代化的革命之路。普朗克并不像一个革新者。这位 42 岁的物理学教授出身于德国的一个古老的律师、学者和神学家家庭，他的个人风格与爱因斯坦截然不同。他腼腆、拘谨、举止端庄、思想保守、热爱并尊重传统，是一位自豪的爱国者。他是勤奋和天赋的典范。他总是穿得整洁大方——年轻时，他戴着一副精美的夹鼻眼镜。

普朗克的保守主义延伸到了他的科学活动。多年来，普朗克一直强烈反对原子和其他任何破坏物质连续性概念的东西，但在面对黑体问题时，为了取得进展，他被迫接受争议。他成功地——尽管其中有碰巧猜对的成分——提出了一个与实验结果相一致的公式。然而奇怪的是，公式涉及一个数学常数：6.626×10^{-34} 焦耳·秒。这个数真的很小，如今被记为 h。一开始，普朗克无法解释这个常数，他不知道实际上它和现实中的什么过程有关。

为了让这一切变得合理，他不得不采用一些相当疯狂的假设。他提出，任何辐射光和热的物体的壁面，都包含振动的分子，即"谐振子"。从烤炉里发射出来的光，正是这些谐振子振动产生的。然而，为了实现这一点，谐振子只能以小包或束的形式发射和吸收能量，普朗克将其称为"量子"。实际上，谐振子只能发射或吸收不连续的能量粒子。这些束只包含特定的、固定的能量，它们不能是任意值。就像人们可以拿到 1 英镑或 2 英镑，但没有中间值。量子的有效能量值由普朗克常数决定。

普朗克确信，他对发射和吸收的解释不适用于光本身的性质，他认为这个理论只是为了数学上的方便。为了解释黑体辐射，能量可以以相等的、有限的形式出现——但光是一种波，这是众所周知的。

当爱因斯坦在 1901 年读到普朗克的论文时，就像他后来写的那样，他觉得好像"脚下的地面突然不见了"[85]。然而，4 年后，他意识到影响远远不止于此。首先，它承袭了连续的光和不连续的原子之间的界限。在爱因斯坦 3 月发表的论文里，他以直观而完美的推理论证，光与物质之间的能量交换并不仅仅以这种特殊的、类似束的单位的方式进行。光波本身是由粒子构成的，爱因斯坦称之为"光量子"。如今，它们被称为光子。

爱因斯坦继续证明了以这种方式理解光是可行的。他证明光量子的存在可以解释所谓的"光电效应"。当时，人们已经发现，用一束光可以把电子从金属表面撞击出来。这些被撞出来的电子的能量完全取决于所采用的光的频率（也就是颜色）。无论光线有多亮（或多暗），只有当频率变高（或变低）时，被撞出来的电子的能量才会增加（或减少）。这确实令人吃惊，因为就拥有的能量而言，一束非常明亮的光比一束暗淡的光更多。

波动理论无法解释的，爱因斯坦能够轻松做到。光子的能量是光的频率和普朗克常数的乘积，即 $E = h\nu$。爱因斯坦假设光子"将其全部能量传递给单个电子"[86]，就意味着改变频率直接改变了光子能传递给电子的能量。使光更亮，但不改变频率，只会产生更多光子，而对单个光子的能量没有任何影响。结果便是，金属将射出更多的电子，但电子的能量和原先的一样。

爱因斯坦觉得这篇在 3 月发表的论文会引起巨大反响。毕竟，文章推翻了现代物理学的一个基本原理。然而，当这篇论文发表在《物理年鉴》上时，得到的不是热议和掌声，甚至也不是否认和挞伐，而是沉默。

第 21 个闪回　分子的实在性

爱因斯坦几乎马不停蹄地开始研究下一个新课题，再次踏入微观世界。1905 年 4 月 30 日，他的第二篇论文完成了。《分子大小的新测定法》涉及了对溶解在水中的糖分子的黏度和性状进行严密的数学检验，从而发现一种确定分子大小的新方法。（他估计，一个糖分子的半径约为百万分之一毫米。）

用爱因斯坦的计算方法，还能够估计出阿伏伽德罗常数的值。氢的相对原子质量是 1，氦的相对原子质量是 4，锂的相对原子质量是 7。如果有 1 克氢、4 克氦、7 克锂，那么它们的原子数量是完全相同的。16 克氧或 122 克锑也是如此。这时的原子数量就是阿伏伽德罗常数。爱因斯坦估计这个常数的值为 210 000 000 000 000 000 000 000，或者 2.1×10^{23}。很难解释这个数到底有多大。目前，更精确的阿伏伽德罗常数的值是爱因斯坦计算结果的 3 倍多。在最微小的一滴水中，都存在着数十亿个原子。

爱因斯坦决定将这篇 4 月写就的文章作为论文提交给苏黎世大学，这是他第三次申请博士学位。如果说那篇关于光量子的论文是他那神奇的一年里最具革命性的作品，那么这篇论文就是最普通的。但就博士论文而言，反而对他很有利——这足以证明他是一位尊重经典物理学并了解其中门道的科学家。对于他的发现，也许除了钦佩之外，没有人会表示非难。那年夏天，在对一些数据进行了简要修改后，他的论文过关了，"爱因斯坦先生"终于成为"爱因斯坦博士"。

在完成第二篇论文后不到 9 天，爱因斯坦对这个世界隐秘的运作方式进行了另一项研究。在新的研究论文里，他开始解释一个叫作"布朗运动"的概念。布朗运动是以苏格兰植物学家罗伯特·布朗（Robert Brown）的名字命名的，他于 1828 年首次研究了这种运动。布朗一直在研究悬浮在水中的花粉颗粒。他在显微镜下发现了一个奇怪的现象——花粉颗粒的运动像在随机跳舞，它们不停地颤动。起初，布朗认为这是雄性生殖细胞的特征和生机的表现，不过他决定验证这个推测。他用已经失活一个多世纪的花粉颗粒做检验，结果发现了同样的现象。他又研究了一些没有生命的物质，比如烟雾颗粒、磨细了的玻璃碎片、花岗岩上剥落的小碎片——出于某种原因，他甚至还测试了吉萨狮身人面像上的碎片——他发现所有这些粒子都会游荡，一直相互碰撞，好像它们有自己的意志一样。多年来，人们对这种现象提出了许多解释，但没有一个被证明是可靠的。

多亏了分子运动理论（这种理论兴起于 19 世纪 70 年代，它用分子的随机运动来解释流体的特性），爱因斯坦知道液体中的分子并不是均匀分布的，相反，它们以不同的速度动来动去，有时候瞬间聚在一处，然后四下散开。爱因斯坦非常明智地推断，这种运动会影响液体中的粒子。

即使是来自狮身人面像上最精细的石灰岩颗粒，与水分子相比也是巨大的——它的大小大约是水分子的 1 万倍。一个水分子不可能让它运动，就像帝国大厦不会为一粒豌豆所动。但浸到水里的石灰岩颗粒每秒会承受数百万次碰撞。正如爱因斯坦所论述的那样，这些随机分布的碰撞会产生可以用显微镜观察到的推挤效应。在某一时刻，粒子的某一侧可能会比另一侧受到更多的撞击，而下一刻，受到更多撞击的面可能就发生了改变。这会产生一种随机漫步的粒子运动，看起来像醉汉从一个地方摇摇晃晃地走到另一个地方。

利用在论文中阐述的统计方法，爱因斯坦计算出悬浮在水中的标准颗粒在一分钟内运动经过的所有路径的总长大约是 0.006 毫米。他指出，这项预测是可以检验的。实验能否证实他的结果可以决定很多事情。

当时，原子和分子还远远没有被认为是真实存在的。许多物理学家和化学家相信它们存在，并且它们已被证明在理论上是有用的。但人们依旧怀疑其是否真的存在，或者它们是否就像普朗克对他的量子概念的观点——虚构出它只是为了方便。爱因斯坦对位移的预测值非常具体，他的计算方法与原子科学有直接联系。倘若爱因斯坦的结果被证明是正确的，那么就存在原子和分子，反之，则不存在原子和分子。

这篇论文不乏回应，它引起了理论物理学家和实验物理学家的关注和讨论。几个月后，人们开始验证爱因斯坦的预言。4 年后，法国物理学家让·佩兰（Jean Perrin）以极高的精度证实了它。原子怀疑论者放弃了他们的立场。自此，原子被证明是事实存在的。佩兰后来因证实爱因斯坦的理论而获得诺贝尔奖。

在起头的这些研究完成后，爱因斯坦花了一点儿时间给他的朋友康拉德·哈比希特写了封信，这位朋友于 1903 年底从伯尔尼搬到了沙夫豪森。他们已经有一段时间没有通信了，爱因斯坦开着玩笑，他用几乎是在亵渎神灵的"无关紧要的胡言乱语"[87] 打破了他们之间严肃的沉默。

"那么，你在干什么呢？你这条冻鲸，你这块烟熏罐头灵魂干，或者别的什么我想说你的词。"[88] 他写道，"你为什么还没有把论文寄给我？难道你不知道，会饶有兴致、津津有味读它们的一又二分之一个人里，我就是其中一个吗？你这个可怜的人呀！我答应给你 4 篇论文作为回报。"他说，第一篇文章"是关于辐射和光的能量特性的，非常具有革命性，如果你先把你的成果发给我，你就会明白。"他解释第二篇论文是关于"确定原子的真实大小"的，第三篇论文解释了液体中分子的随机运动。

最后一篇论文还没有完成，但他确信它会引起人们格外的兴趣。"第四篇论文目前还只是一个草稿，讨论的是运动物体的电动力学，它采用了一种经过修正的时空理论。"

哈比希特不可能知道，他的朋友即将揭开另一层面纱，迫使人们重新看待这个世界。

第22个闪回　狭义相对论

想象一下，你把自己关在一艘船的甲板下面。主舱很奇特：周围满是蝴蝶，桌上放着一大碗水，里面有一些鱼，水滴从悬挂在天花板上的瓶子中流出，一滴一滴地掉到它下面的容器里。船在港口里停着时，你可以看到鱼在游来游去，蝴蝶以相同的速度四处飞着，瓶子里的水滴到容器里飞溅起来。接着，想象这艘船开了，在非常平静的海面上以恒定的速度航行。你根本看不出主舱里和之前有什么区别，什么都不会改变。

这个思想实验是伽利略在1632年描绘的。他用它为哥白尼的日心说辩护，反驳那些批评者，他们认为如果地球绕着太阳转，人们肯定会感觉到。伽利略的航船是相对论的一个"特例"。广义相对论指出，无论是什么运动，物理定律都是不变的，这很容易理解，但很难被接受。而狭义相对论只与匀速参考系有关，也就是说，它只与静止或匀速直线运动的物体有关。狭义相对论没有考虑加速度。

虽然"特殊情况"以其严格的条件而听起来有点儿不自然，但作为一个概念来理解则会容易得多，因为我们在日常生活中都能感受到它的影响。例如，在新干线子弹头列车上，通勤乘客并不会以320千米每时的速度被甩出车厢，滚到轨道上，他们会舒舒服服地坐在座位上。这些人可以比赛射箭、烤布列塔尼蛋糕，或者做无线电广播，物理定律发挥着作用，使他们就像站在地面上一样。

相对论的根本思想是，一个参考系并不比另一个参考系更具特殊性。倘若有人站在车站，看到火车从他们身边疾驰而过，那么从逻辑上讲，他们会觉得火车和所有乘客都在朝着某个方向运动。然而，对火车上的人来说，看起来就像车站在朝相反的方向飞驰而过。事实上，这两种解释都是合理的，没有办法分辨哪个是"正确的"。由于物理定律对火车上的人和站在车站的人的作用完全相同，所以没有任何实验可以确定谁是真正静止的，谁是真正运动的。这完全由参考系决定。

到 1905 年，物理学已经接受相对性原理很久了。这个概念并不是爱因斯坦发明的。他的狭义相对论与伽利略的航船的区别在于他还考虑了光。

倘若没有空气或木头之类的物体振动，那么声波就不会存在。没有水，水波也不会存在。对 20 世纪早期的物理学家而言，根据定义，波是一种通过某种介质传播的扰动。虽然牛顿曾设想光是由粒子组成的，但到了 19 世纪后期，有些人认为光是一种波。詹姆斯·克拉克·麦克斯韦出色地证明了光是电磁波谱的一部分，是电场和磁场的结合体。此外，光在实验中也一直表现得像波一样——它可以衍射和反射，也可以测量出频率。因此，人们假定光也必须像所有其他波一样，通过某种介质传播。这种未知的物质被称为"以太"。

为了使以太符合可观测到的现实，它必须有些古怪。首先，它必须遍布整个宇宙，否则星光就无法到达地球。它还必须非常稀薄，幽灵般地对其中的任何东西都不产生影响，但它又必须非常坚硬，可以让光以极高的速度穿过。19 世纪晚期的许多物理学与寻找以太有关。事实证明，这是最难以捉摸的。

有些人认为，探测光速的变化有可能发现以太。假设地球在以太中运动，会产生"以太风"，风向与地球运动的方向相反，就像地球在空气或水里运动一样。有理由相信，光逆着以太风传播会比顺着以太风传播难得多。1887 年，美国物理学家阿尔伯特·迈克尔逊（Albert Michelson）和爱德华·莫雷（Edward Morley）根据这个想法完成了一个著名的实验，他们把一束光分成两束，其中一束光的运动方向和地球的运动方向一致，而另一束则与地球的运动方向垂直。他们尽了最大努力，但仍然无法探测出两束光在速度上存在丝毫的差别。

为寻找存在以太的证据而进行的实验有很多，但没有一个是成功的，其中显然有错。然而，对 19 世纪末和 20 世纪初的科学家而言，以太仍然是真实的，就像空气一样真实。光可以不通过介质传播的概念是荒谬的。

到 1905 年，爱因斯坦开始怀疑以太是否存在。在 6 月份发表的论文《论动体的电动力学》中，他几乎义无反顾地抛弃了这个理论。"'光以太'的引入将被证明是多余的"[89]，他写道，同时也把 200 年来公认的科学智慧像扔旧外套一样抛弃了。

爱因斯坦的论文只基于两个原理，理论中的其他一切都直接从这些不变的真理发展而来。第一个原理是"相对性原理"：物理定律在所有非加速参考系中都是一样的。第二个原理是光在真空中传播的速度是恒定的。光以 299 792 458 米每秒，即 670 616 629 英里每时的速度传播，乐意的话，也可以说成光每年传播的距离是一光年。到 19 世纪末，人们已经知道了关于这个速度的一个非常准确的近似值。爱因斯坦大胆地指出，无论光源怎么运动，光速都保持不变。换句话说，光速在所有参考系中都是恒定的。

回想一下匀速行驶的火车，如果你在车厢里扔一个球，在火车行驶的方向上，你将观察到球会以你掷出的速度运动。然而，对驻足于车站的人而言，当火车经过时，他们会透过窗户看到这一"莽撞"的行为，此时，他们看到的情况是完全不同的——球的运动是火车的速度加上你投掷的速度。即便扔的是一块狮身人面像的碎片，也是如此。就算是你在说话，那么对车站的人来说，产生的声波的速度大致也是火车的速度加上声速。

在爱因斯坦之前，人们认为光的情况和其他所有东西都是一样的。人们相信，如果在火车上发射一束激光，或者举着一盏灯，那么当以你为参考系时，发射出来的光会以光速传播，但对站在车站的人而言，光会以火车的车速加上光速传播。

爱因斯坦认为这是一条自然法则，光与所有别的东西不同，对火车上的人和车站的人来说，它都在以相同的速度传播。他确信这个观点是正确的。他同样确信相对性原理是正确的，而且要发展他的理论，就必须从这两个假设出发。

爱因斯坦在 1905 年以前就得出了这个结论。然而遗憾的是，对他而言，正如他在 6 月份的论文中所承认的，这两个原则"似乎是不相容的"[90]，因此他"白白花了将近一年的时间思考这个问题"[91]。然后，在伯尔尼的某个好日子，他去拜访了好友米凯莱·贝索，告诉他自己遇到的问题。"我打算放弃了。"[92] 他说。但两人还是讨论了一番，突然间，爱因斯坦茅塞顿开。紧接着第二天，爱因斯坦再次拜访贝索，他没有和贝索打招呼，只说了一句："谢谢你，我已经彻底解决了我的问题。"[93]

他确实解决了这个问题。5 个星期后，也就是 6 月底，爱因斯坦提交了他的论文。他从与米凯莱的谈话中领悟到，在一个参考系中同时发生的事件，在另一个参考系中不一定是同时发生的。倘若某个人同时看到两道雷击，这实际上意味着两道雷击发生的位置和他所处位置的距离相同，两道雷击发出的光同时到达。但倘若那个人站在同一位置的火车上，并且火车正驶向其中一道雷击，那么那道雷击的光会比另一道更早传到他那里。有一道雷击是率先发生的。就相对性原理而言，这两种观点都是正确的。真正的同时性并不存在。可以说，同时性是一个相对的概念。

这意味着，正如爱因斯坦所指出的，绝对时间是不存在的。亦如他后来所说，"世界上不存在处处可闻的滴答声"。[94] 每个参考系都有自己的时间。正是这种崭新的时间概念使爱因斯坦得以调和他的两个原理，并由此产生一连串奇怪的结果。

爱因斯坦指出，如果时间是相对的，那么空间也是相对的。想象有两个人，每个人都有一套属于自己的同步时钟：一套在火车上，一套在车站。再想象一下，车上的人带着一根闪亮的金杆子。为了测量这根奇妙的杆子的长度，车上的人只需要用一把量尺。然而，对于车站的人而言，杆子在运动。为了能够测量杆子的长度，他的测量过程更加复杂。首先，他需要确定杆子的两端在特定时刻的位置。当他知道杆子两端的位置后，就可以把这些位置标记为点，从而测量点和点之间的距离。常识告诉我们，测出来的两个长度应该是相等的。然而实际并非如此。车上的人比车站的人测得的长度更短。这是因为车站的人和车上的人对同时性的概念是不一样的。车上的人会认为，车站的人定位杆子两端的时间是不同的，定位操作并没有发生在同一时刻。这种现象被称为"长度收缩"。

狭义相对论的另一个反直觉的结果被称为"时间膨胀"。再想象一下，车上的人现在不再需要杆子，而改用两面镜子。他把一面镜子贴在地板上，而另一面贴在天花板上，然后让一束光在两面镜子之间反射。对于车上的人而言，光线呈直线上下反射。但对站在车站的人来说，光是以之字形传播的。车站的人看到的是，从地板发出的光线必须沿斜线向上传播，到天花板上的镜子，而天花板上的镜子随着火车向前移动些许，光线又沿斜线向下反射，到地板上的镜子，此时，地板上的镜子又向前移动些许……那么，对车站的人来说，光似乎比车上的人所看到的传播了更远的距离。但是光对两个观察者来说是以相同的速度传播的——这是爱因斯坦的相对论的前提。我们只能得出这样的结论：静止的人比在火车上的人经过的时间更长。

火车跑得越快，光束从天花板到地板的距离就越长。换句话说，火车开得越快，时间就过得越慢。乘客度过的时间变少了，植物发芽和生长的时间变长了，原子的衰变速度也变慢了。在地球上，所有这些效应几乎都难以察觉——事实上，相对论的效应只有在非常高的速度下才会真正变得有意思。

爱因斯坦 6 月发表的论文之所以与众不同，不仅在于其新颖而深刻的反常之处，还在于一个更加平凡的事实：它没有引用任何材料。这篇论文的许多观点在当时的科学讨论中已经存在。例如，乔治·F. 菲茨杰拉德（George F. FitzGerald）和亨德里克·洛伦兹（Hendrik Lorentz）都曾独立地提出过长度收缩的概念，而亨利·庞加莱则曾经质疑过绝对时间的概念。但所有这些都是为了对以太修修补补。爱因斯坦独立，或者说，几乎独立地提出了这个惊世骇俗的世界观。他写道："最后请允许我指出，在研究这里所讨论的问题时，我的朋友兼同事贝索给予了我坚定的支持，我要感谢他给我提出了许多宝贵建议。"[95]

论文完成后，爱因斯坦躺在床上休息了两周，而玛利奇则反复检查他的工作。

第 23 个闪回　质能方程

作为申请瑞士国籍的条件之一，爱因斯坦正式宣布自己是禁酒主义者。他通常不喝酒，也不喜欢喝。有一次，有人递给他一杯香槟，他只是闻了一下那冒泡的金黄色液体，然后就把它放在了一边。"我不需要酒，"他说，"因为我的脑子对智力上的醉态很熟悉。"[96]

不过，在爱因斯坦完成狭义相对论的论文后，他和米列娃庆祝了一番。在庆祝时，他们给朋友康拉德·哈比希特寄了一张明信片，全文如下：

我们俩，唉，都喝得烂醉如泥。

你可怜的臀部骑士夫妇 [97]

几个月后，爱因斯坦又给哈比希特写了一封信。信中提到在他的脑海中闪现了一个非常令人意想不到的结论，从他的理论可以得到一个非比寻常的结果。看起来，质量和能量在某种程度上是有联系的。"这个想法很有趣，也很吸引人，"他对哈比希特说，"但据我所知，全能的神也许正在笑话着整件事，我似乎正被牵着鼻子到处走。"[98]

9 月，爱因斯坦草草地写下了他 6 月论文的续篇，这篇新论文只有 3 页。假设有一个物体先从静止的参考系向外辐射，再从匀速运动的参考系向外辐射，便可以建立起关于速度和质量的方程，然后就能很快地得出定理："如果某个物体以辐射的形式释放能量 L，那么它的质量就会减少 L/V^2。"[99] 也就是说，"一个物体的质量是它所含能量的量度"。能量和质量实际上是一回事，只是表现不同。

代表爱因斯坦的标志更新了，它仍以最简洁的形式描述事物，狭义相对论所隐含的是方程 $E = mc^2$。整个科学领域最著名的方程源自爱因斯坦的成果，不过它只是爱因斯坦奇迹年里的一个花絮。

第 24 个闪回　天伦之乐

米列娃·玛利奇、汉斯·阿尔伯特·爱因斯坦和阿尔伯特·爱因斯坦（1904~1905 年间）

　　1906 年 4 月，爱因斯坦被提升为二级技术专员，薪水提高到 4500 法郎。这足以证明他是熟练的行政人员和才华出众的专利审查员。更重要的是，正如他的上司在推荐他晋升时所说的，爱因斯坦现在已经是博士先生了。

　　爱因斯坦一家又搬了家，他们在绿树成荫的埃格滕斯特拉斯街（Aegertenstrasse）租了一栋房子的顶层。在那里，他们有自己的家具，还能欣赏到伯尔尼高地山脉的景色。爱因斯坦时年 27 岁，有职业风范，举止又得体。因为搬家，他和贝索不再一起走路回家。哈比希特和索洛文也早已搬走。他很怀念那些逝去的派对岁月。他和玛利奇只会在星期天参加社交活动。

"我很好,"他在给朋友的信中写道,"我是一名受人尊敬的联邦办事员,收入也不错。"[100]

他有足够的时间沉迷于物理和摆弄小提琴,尽管这两项活动都严重受限于他那两岁的孩子。不过爱因斯坦并不那么介意儿子的无法无天。汉斯·阿尔伯特已经长成了个"蛮不讲理的壮小伙"[101],爱因斯坦夫妇常常对他的胡闹忍俊不禁。他们都很宠他,在家里,他们模仿他,只用婴儿般的语词和他交流,汉斯·阿尔伯特直到 5 岁才学会说地道的德语。

如果爱因斯坦不帮忙于劈柴、搬煤等家务,他就会花很多时间和儿子一起玩耍。周末,他会推着巴洛克式的婴儿车到处散步。在工作的时候,他会把儿子抱在膝盖上,同时还能进行计算工作,他会拉小提琴安抚他,教育他音乐的重要性。

爱因斯坦会为儿子做玩具。他曾经用火柴盒做过一个小缆车。"那是我拥有过的最好的玩具之一,"汉斯·阿尔伯特多年后回忆道,"只用一根细绳、几个火柴盒和一些别的辅料,他就能做出最美妙的东西。"[102]

第 25 个闪回　科学界的回音

认真思考了相对论的物理学家屈指可数，其中最主要的是马克斯·普朗克，他是当时最受尊敬和最具影响力的物理学家之一，这对爱因斯坦而言非常幸运。爱因斯坦的论文刚发表，普朗克就在柏林大学为这个新理论做了一次讲座。消息传开，爱因斯坦开始有了支持者——虽然如此，正如普朗克在 1907 年写给爱因斯坦的信中所说，相对论的支持者仍然只是"一个不起眼的小圈子"[103]。

在接下来的几年时间里，爱因斯坦开始与欧洲各地的物理学家频繁通信。他收到的大部分信件是寄到伯尔尼大学的，因为在给他写信的人眼里，写出相对论的人应该受雇于某个学术机构，这个想法似乎很合乎逻辑。"我必须坦率地告诉你，当知道你必须每天在办公室里坐 8 个小时的时候，我非常吃惊。"[104] 一位打算来伯尔尼帮助爱因斯坦的年轻物理学家写道，"历史总是开这种拙劣的玩笑。"

第一个拜访爱因斯坦的是普朗克的助手马克斯·冯·劳厄（Max von Laue），他在 1907 年夏天到访伯尔尼。劳厄在邮政电报管理局大楼的大厅里等爱因斯坦时，看到了一个蓬头垢面、年近 30 的男人，不过他让这个人径直走过，因为他不敢相信这样一个人就是相对论之父。当爱因斯坦最后回来时，他们彼此相认后便开始散步。

在最初的两个小时里，爱因斯坦推翻了大部分物理定律，这让劳厄大为震惊。他还给了这位拜访者一支雪茄，不过雪茄质量太差，劳厄"不小心"在桥上把它掉进了阿勒河（river Aare）里。有一次，他俩在欣赏伯尔尼的阿尔卑斯山景时，爱因斯坦评论道："我就是不明白，怎么会有人在那片土地上跑来跑去。"[105]

第 26 个闪回　闵可夫斯基

爱因斯坦在苏黎世联邦理工学院的老数学教授赫尔曼·闵可夫斯基很聪明，他衣冠楚楚，留着波浪形长胡子。他在读了爱因斯坦关于相对论的论文后，回想起了以前的这位学生。"哦，那个爱因斯坦，"他略带遗憾地对助手说，"他总是缺课——我真不敢相信他能研究出这个！"[106]

不过，在这种新物理学的启迪下，闵可夫斯基发明了关于狭义相对论方程的几何表示，并由此引入了我们如今称之为"时空"的概念。他提出一种四维图，而时间就是第四维。如今，像这样的图被称为"时空图"。在这种图上，事件由 4 个数组成的一组坐标表示，每个数代表一个维度。

实际上我们已经习惯于四维坐标。如果你的某个朋友邀请你去他们在纽约的公寓参加晚宴，他们不仅需要告诉你地址（即三维空间中的位置），还需要提供聚会的日期和时间。

闵可夫斯基发明的术语至今仍在使用，时空中的一个事件被称为"世界点"，一系列连续的事件，不管是电子的运动、蝴蝶的飞行，还是行星的绕行，都会创造一条"世界线"。任何事物都有属于自己的世界线。

闵可夫斯基发明的时空图通常以时间为纵轴，为了减少混淆，一般以空间的某一个维度作为横轴。

如果你参加朋友聚会，然后一直待在房间的某个角落，希望有人能和你攀谈，那么你的世界线就会在时间上向前，而在空间上不变。它在时空图上是一条笔直的垂线。倘若有人以匀速离开你的世界线，那么它会是一条穿越时间和空间的对角线。

这种图为人们提供了一种简单的方法，使不同观察者对时间、空间和同时性的相对情况实现可视化。闵可夫斯基还发明了一种"变换"时空图的方法，这样人们就可以很容易在不同的观察视角之间切换。就时空概念而言，闵可夫斯基的工作有一个巨大的好处，它提供了一种简单而又精确的规范方法来观察狭义相对论的影响。

1908 年，闵可夫斯基在科隆大学讲授了他的新概念。"先生们！"他颇具表演气质地开始道，"我现在要向各位展示的空间和时间的概念源于实验物理学，这就是它的力量所在。它们是全新的。从今以后，空间和时间二者本身都注定会消失在阴影里，只有它们的结合才能维持独立的物理实在。"[107]

谈论空间也就是谈论时间——它们是一体的。在此之前，人们可能会想到贯穿宇宙的空间结构，它是事件发生的舞台，而如今，人们不得不把空间和时间共同视为这种结构。

当爱因斯坦听到闵可夫斯基对他的理论的解释时，他并不感兴趣。他将其称为"多余的学问"[108]，就像拒绝以太一样，他对此回复得很随意。

还有一次，他抱怨说，自从数学家们开始关注他的理论后，"我自己都搞不明白了"。[109]

第 27 个闪回　重返学术圈

5 年后，爱因斯坦决定尝试再次回到学术界。他在 28 岁时，虽然已经发表过一些在现代科学史上最重要的论文，颠覆了经典物理学，但仍然没有找到一份学术工作。

在某种程度上，这是他自己的不对。1907 年，他向伯尔尼大学申请一个初级职位。作为申请材料的组成部分，候选人需要提交一篇尚未发表过的论文，即资质论文。但是，如果申请人有"其他杰出成就"，则可豁免。爱因斯坦认为他的成就确实很杰出。然而，教职委员会并不认同，于是他的申请没能通过。

他放低姿态又申请了一次，这次附上了资质论文，于是他被录用了。在毕业 8 年之后，他终于开始了自己的学术生涯。然而，这只是一个编外讲师的职位，这种职位既不要紧，收入也不高，他只能做几次向听众收取费用的讲座。事实上，职位无足轻重而且收入很低，以至于爱因斯坦并不能辞去在专利局的工作。对他而言，只是要做的事情更多了。

就像马塞尔·格罗斯曼帮他谋了份专利局的工作一样，现在另一位朋友来帮他了。1908 年，苏黎世大学设立了一个理论物理学副教授的新职位。这个职位需要协助阿尔弗雷德·克莱纳（Alfred Kleiner）教授工作，正是这位教授的长期努力才促成了这一职位的设立。爱因斯坦显然是最佳人选，但克莱纳更希望录用自己的助手弗里德里希·阿德勒，爱因斯坦在学生时代就认识阿德勒了。由于赏识爱因斯坦的才能，阿德勒说服了他的"老板"，让对方觉得爱因斯坦更适合这份工作。

不幸的是，当克莱纳前往伯尔尼听取爱因斯坦的一场编外讲座，以"估量一下这头野兽"[110] 时，正如爱因斯坦所言，克莱纳对自己所看到的情况并不满意。爱因斯坦根本不擅长讲课，一个是他没做准备，另一个原因则是这种调查使他过于紧张。讲座结束后，克莱纳告诉爱因斯坦，他的教学水平完全不行。爱因斯坦则平静地回复说，他认为教授这个职位"完全是多余的"[111]。

这不是真心话。在评估后不久，爱因斯坦恼怒地得知，克莱纳对他教学技能的糟糕评价在瑞士和德国的多所大学的物理系广为流传。他有理由担心，这样的结论会断送他获得合适的学术职位的机会。他写信给克莱纳，埋怨这位教授散布谣言。克莱纳的态度软化了，他说如果爱因斯坦要是还想得到这个职位，只要他能证明自己有那么一点儿教学能力，那么这个职位就是他的了。

为了证明这点，爱因斯坦前往苏黎世又做了一次讲座。"和往常不一样，"他对一位朋友说，"我讲得很好。"[112] 克莱纳也很满意，他在几天后正式向全体教员推荐了爱因斯坦。然而，对于是否应该给予爱因斯坦这个教职，教师们仍有一些顾虑。有的教师认为他的犹太血统是个问题，正如某份教员会议纪要所记录的那样：

学者们认为以色列人（在许多情况下并非完全没有理由）在性格上有很多令人不快的地方，比如管事宽、厚脸皮、对自己的学术地位盲目自信。不过，应该说，在以色列人中也有一些人没有这种令人不快的缺点，因此，仅仅因为某人碰巧是个犹太人就取消其资格是不合适的……因此，委员会和全体教员都认为将反犹主义奉为政策是不严肃认真的。[113]

经过秘密投票——10 票赞成，1 票弃权——爱因斯坦得到了这份工作。但他并没有接受，因为它的薪水比专利局的少。最终，爱因斯坦接受了这个教职，因为工资涨了。1909 年，阿尔伯特·爱因斯坦终于成了一名教授。

"那么，"他对一位同事说，"现在我也成为这个功利行当的一员了。"[114]

第 28 个闪回　四处留情

1909 年 5 月初，巴塞尔的一位名叫安娜·迈耶 – 施密德（Anna Meyer-Schmid）的家庭主妇在当地的报纸上看到了爱因斯坦的任命书。这唤起了她 10 年前的一段尘封许久的记忆。17 岁那年的一个夏天，当时安娜正住在姐夫位于梅特门施泰滕的天堂旅馆。在度假的那段日子里，她遇到了一位和母亲同行的英俊的物理系学生，他们曾相互调情。安娜还想起了那位年轻人留给她的情诗。

如今，安娜的丈夫是一位官员，她给爱因斯坦教授寄了一张明信片以表祝贺。爱因斯坦立即回了一封貌似彬彬有礼，实则意味深长的信："我可能比你更怀念在天堂旅馆的美好时光，因为那几周我能够陪在你身边。我衷心地祝你幸福，相信现在的你已是一位优雅开朗的女士，正如当年的你是一个可爱快乐的年轻女孩一样。"[115] 他告诉她，他最终还是娶了玛利奇小姐，不过，尽管他的名字上了报纸，但他还是和以前一样——只是青春已逝。在信的附言中，爱因斯坦让安娜去苏黎世找他，并附上了工作地址。

不管爱因斯坦出于什么样的动机，迈耶 – 施密德似乎把这种反应理解为旧情复燃。她写了一封回信，但不知怎的被米列娃截了下来。这个女人和爱因斯坦之间的通信让玛利奇非常愤怒，她给安娜的丈夫写了一封信，说她不知道是什么原因促使安娜又写下这封不合时宜的信，她还补充说（不知是否属实），爱因斯坦对安娜的勾引感到愤怒。

　　爱因斯坦得缓和这样的局面。他写信给乔治·迈耶（George Meyer），为这件事道歉。他承认自己过于粗心，对安娜的明信片反应过度，以至于让人觉得余情未了；但他也说，他的想法很纯粹。他恳请迈耶不要忌恨安娜，他强调安娜的做法是得体的。爱因斯坦特别为米列娃的干涉而道歉："我的妻子在我不知情的情况下的那些举动，是她本人的错误，只是出于极度的嫉妒。"[116]

　　爱因斯坦觉得自己并非肇事者，只是整个事件的受害者，整件事对他而言很糟糕，给他和妻子之间的关系蒙上了一层阴影。她的愤怒和嫉妒糟糕透了，她的保护欲让人感到窒息。

　　安娜·迈耶 – 施密德的风波刚过去几个月，爱因斯坦又被另一个女人搞得心神不宁，那人就是他的初恋玛丽·温特勒。玛丽从未彻底离开过爱因斯坦的生活——她的妹妹安娜嫁给了米凯莱·贝索，而她的哥哥保罗（Paul）则在 1910 年娶了爱因斯坦的妹妹玛雅——但两人已经有 10 年没有通信了。爱因斯坦有一次对米列娃承认："倘若再见到那个女孩几次，我肯定会重燃旧爱的。我知道这一点，所以就像怕火一样地怕这种事。"[117]

　　爱因斯坦并没有夸张。他再次遇见玛丽的时间，可能在 1909 年夏天，当时，她似乎是来伯尔尼探望妹妹和妹夫的。彼时的她 32 岁，是一名教师，而爱因斯坦那时 30 岁。这两个人的爱火很快被重新点燃。他们会在伯尔尼郊区的某些地方见面，比如位于城市南部那绿意盎然的古尔滕山，又如布雷姆加滕森林（Bremgarten Forest）。这些似乎都没有引起米列娃的注意。

　　但是，或许玛丽早已习惯了爱因斯坦的反复无常，不愿由他摆布，抑或她比爱因斯坦更有所顾忌。不管怎样，她不再信任爱因斯坦。爱因斯坦想在苏黎世和她会面，但没能成功。他还寄了很多信，但都石沉大海。他在 9 月的一封信里写道：

　　不幸的命运把你带到我身边的那几个小时，我至今仍记忆犹新。若非如此，我的私人生活可就真惨不忍睹了。我只能通过专心致志地工作和认真思考问题来逃避对你永无休止的思念。所以，请至少告诉我，你为什么像躲避麻风病人一样地从我身边逃走！我唯一的幸福就是能再次见到你，或者收到一封短信……在这种责任沉重、没有爱意和幸福的日子里过活，我就像死了一样。[118]

　　爱因斯坦沮丧了好几个月，这种情况甚至延续到全家搬到苏黎世，在米列娃再次怀孕之后。1910 年 3 月，爱因斯坦再次致信玛丽，他显然依旧很迷恋她。他向她坦言："只要一空下来，我都会满怀真挚的爱，在心中想念你，这让我很不开心。失败的爱情，失败的生活，这就是我一直以来的感受。"[119] 爱因斯坦告诉玛丽，他们在一起的时光是"人生的高光时刻"。

　　玛丽不为所动。她在沉默了几个月之后，写信给爱因斯坦。这封信很可能告诉了爱因斯坦，她如今已与一位钟表制造商订婚。这个消息，以及玛丽的决绝，使他陷入了病态的绝望之中。在他的第二个儿子爱德华出生一周半后，当时米列娃还在恢复期，他回信道：

　　读着你的信，我仿佛看到自己的坟墓被人挖开……不过，我要再次感谢你和仁慈的大自然，在 15 年前，也在去年，你曾给过我几个小时最纯粹的快乐，虽然我并不配拥有这份快乐。如今，我们都已无法再回头。别了！不要再想起那个不快乐的我，更不要满怀恨意和痛苦地想我。你可能觉得我是个负心贼，但事实并非如此。[120]

第 29 个闪回　苏黎世大学

爱因斯坦在苏黎世大学的学生对这位蓬头垢面的新教授没什么印象。他的裤腿太短，表链的材质是廉价的铁。他不带什么讲义，手里只有一张名片大小的纸条，上面满是涂鸦。他的课堂风格也无助于那些心存疑惑的学生。爱因斯坦像只无头苍蝇似的研究着自己的课题，显然并没有什么明确的方向。

"肯定存在某种愚蠢的数学变换，只是我一时找不到。"[121] 爱因斯坦在某次课上时说道，"你们有谁知道吗？"课堂鸦雀无声。"那么，留出四分之一页空白吧，我们不在这里浪费时间了……"他继续上课。10 分钟后，爱因斯坦突然停下来说道："我知道了。"然后他补上了前面空着的那个变换。

不久，他就赢得了学生们的好感。他们很快意识到，这种对科学思维过程的奇异洞察远比任何精心修饰的长篇大论要好得多。他们有幸在课堂里感受爱因斯坦发展他的思想。学生们得以看到他的工作方式和技巧，而不是仅仅得到一个精致的盒子，里面装着不知该如何证明的真理。

不仅如此，爱因斯坦还是一位非常善于激励学生的老师。他鼓励学生提出问题，让他们只要有不明白之处就说出来。他经常停下来问是不是每个人都听懂了，他们可以打断他。在课间休息的时候，他还会和全班同学聚在一起，和他们随意聊天或是让大家提问。他会花时间和蔼地一一解答他们的问题。有时候，他在讨论某个观点到激动之处时，还会拉着学生的手。

然而，对于爱因斯坦来说，教授职位——甚至只是助理教授——的工作量已经远远超出了他的预期，他经常抱怨自己太忙。学校交给他的课业太繁重了，他特别讨厌实践课程。爱因斯坦曾对一位学生说，他不敢用任何仪器，"因为怕它爆炸"[122]。即便如此，尽管看起来没什么章法，爱因斯坦还是在教学时有计划地投入了大量精力。

晚上下课后，爱因斯坦通常会问有没有人想去餐馆的露天座聚聚。他和学生们会离开校园，穿过城市走到餐馆，那里能俯瞰利马特（Limmat）河在苏黎世湖的出口。他们会谈论物理学和数学，直到打烊，有时也会聊聊个人问题。毫无疑问，这种气氛是轻松的。这群叽叽喳喳的学生时不时地会壮起胆子调侃他们的教授，不过他们不会过分。学生们有时也会惹恼爱因斯坦，这时，他通常会避开他们，或者向他们投去一瞥——正如他的某位学生回忆的那样，这"一瞥"很"凶狠"，会造成"精神上的惩罚"[123]。

晚上的聚会并不总是随着灯光渐暗、餐馆打烊而结束。有一次，他宣称早上收到了普朗克教授的一些研究成果，其中有一处错误，他问有没有人想一起看看。不出所料，最后有两位勇敢的学生和爱因斯坦一起回家检查论文。

"看看你们能不能在我煮咖啡的时候发现问题。"[124] 他对他们说。

尽管这两位学生使尽了全力，但还是没能发现其中有什么不对之处，于是他们坦言相告。爱因斯坦煮好咖啡并递给他们，随后便告诉了他们忽略的地方。他的学生很吃惊，于是建议写封信给普朗克，告诉他其中的错误。爱因斯坦认为这个想法不错，但他们不应该把它说成是一个错误，而应该委婉地提供正确的证明。他告诉学生，虽然证明过程并不完美，但其结果是正确的。

"最重要的是内容，而不是数学。"他肯定地向他们说，"用数学可以证明任何事。"

第 30 个闪回　布拉格生活

　　爱因斯坦在苏黎世没待多久。1911 年 3 月，他在布拉格获得了一个全职教授的职位，于是和玛利奇一起搬到了那里。不得不承认，布拉格以其混杂的哥特式风格而显得很漂亮，但周遭的人并非如此。爱因斯坦在给贝索的信里写道，他们"没有自然的情感"[125]。他抱怨那些人"神奇地将特权意识和奴性集于一身，对自己的同胞没有丝毫善意""穷奢极欲和民生凋敝并存"。

　　即使在这种闭塞的环境里，爱因斯坦也有同伴。他很快被介绍到一个主要由犹太知识分子组成的沙龙，这群人在东道主拜尔陶·凡塔（Berta Fanta）家的楼上聚会，他们的楼下则是独角兽药房（Unicorn pharmacy）。在那里，他们会讨论哲学和文学、做演讲、演奏音乐，以及举行精致的化装舞会。

　　除了小提琴不离手的爱因斯坦，凡塔的客人还包括哲学家、心理学家、作家、犹太复国主义者和音乐家。弗朗茨·卡夫卡（Franz Kafka）偶尔也会光顾。在一次跨年夜的聚会上，沙龙上演了一部由他和别人合写的戏剧，剧本的主题居然是令人难以置信的弗朗茨·布伦塔诺①（Franz Brentano）的哲学。卡夫卡和爱因斯坦都懒得记录对方的任何事情。

　　卡夫卡的密友、作家、翻译家和作曲家马克斯·布罗德（Max Brod）

---

① 弗朗茨·布伦塔诺（1838 年 1 月 16 日—1917 年 3 月 17 日），德国哲学家、心理学家，意动心理学派的创始人，著有《从经验立场出发的心理学》。——译者注

很重视爱因斯坦。他戴着一副眼镜，身材瘦削，一脸严肃。当时，布罗德正在构思一部以第谷·布拉赫（Tycho Brahe）晚年生活为背景的小说。第谷是伟大的丹麦天文学家，就当时而言，他对恒星和行星的观测是最精确的。在《第谷·布拉赫的救赎》一书里，布罗德描写的约翰内斯·开普勒（Johannes Kepler）——他是布拉赫的年轻助手，在世界的几何中发现了上帝，并在日后发现行星轨道是椭圆的——似乎很像某个人。

这部小说描绘了布拉赫努力在托勒密的地心说和当时崭新而又激进的哥白尼的日心说之间寻求一种折中方案，而开普勒则是日心说的代表人物。布罗德笔下的开普勒不关心世事，是冷静、科学、真理的化身。据说，当德国化学家瓦尔特·能斯特（Walther Nernst）读到这本小说时，他曾对爱因斯坦说："你就是书里面的开普勒。"[126]

第 31 个闪回　居里夫人

在布鲁塞尔召开的第一届索尔维会议（1911 年）。爱因斯坦位于右二

1906 年，玛丽·居里（Marie Curie）的丈夫皮埃尔·居里（Pierre Curie）在一次马车事故中丧生，他们曾在 1903 年共同获得了诺贝尔物理学奖。居里夫人悲痛万分，皮埃尔的学生保罗·朗之万（Paul Langevin）也是如此。朗之万是一位成就卓著的物理学家，他曾发明过一种巧妙的方法来描述液体中粒子的加速度，后来他还率先发明了用于探测潜艇的声呐设备。

朗之万一直被困于一段没有爱情的婚姻里。他曾遍体鳞伤地出现在办公室，并向众人坦言，是他的妻子和岳母用铁椅打的。朗之万和居里夫人都因皮埃尔的去世而悲伤，他们在一起的时间变得多了起来，最终，两人成了恋人。他们在索邦大学附近留了一套公寓，以便能够偷偷约会。而朗之万的妻子发现他们的婚外情后，便安排人闯入那所公寓，并偷走了他们的情书。

就在那段时间，即 1911 年 10 月底，居里夫人和朗之万都受邀参加在布鲁塞尔举行的第一届索尔维会议。这是一次令人敬畏的智力峰会。在 20 位受邀嘉宾里，有三分之一是诺贝尔奖得主，或将要获得诺贝尔奖。居里夫人是第一位获得诺贝尔奖的女性，也是唯一被邀请参加会议的女性。比利时化学家、实业家欧内斯特·索尔维（Ernest Solvay）因发明了一种制造碳酸钠的方法而致富，与会嘉宾都能得到由他提供的 1000 法郎奖金。索尔维希望自己的钱能用在刀刃上，而他正有一些关于引力的奇特想法，希望引起人们的注意，于是他决定资助一次会议，邀请欧洲最优秀的科学家参加。

就在会议开始的时候，朗之万的岳母把偷来的情书泄露给了一位记者。

11 月 4 日的《世界报》刊登了一篇题为《爱情故事》[127] 的文章，那时，居里夫人和朗之万正受索尔维之邀参加会议。"镭火如此神秘……它刚刚在某位科学家的心中点燃了一团烈焰，这位科学家如此专注地投身于此，而他的妻儿则在哭泣。"第二天，标题为《实验室里的罗曼史》[128] 的文章又出现在了另一家报纸的头版头条。文章把这对恋人出席索尔维会议说成了私奔。

"大家都知道，朗之万想离婚已经有一段时间了。"爱因斯坦向他的朋友海因里希·桑格（Heinrich Zangger）解释道，"如果他和居里夫人彼此相爱，那么他们根本不需要私奔，因为他们在巴黎有的是见面的机会。"他接着说，"居里夫人是一位朴实、诚实的人，她肩负的责任和压力远远超过了她应担负的。她智慧过人，尽管天性热情，但她的魅力不足以对任何人构成威胁。"[129]

居里夫人回到巴黎后不久，得知自己因发现镭和钋而被授予诺贝尔化学奖。这使她成为第一位两次获得诺贝尔奖的人。尽管她的成就得到如此权威的认可，但"居里夫人－朗之万事件"的热度并没有就此减弱。有份报纸甚至还刊登了他们的情书——不过书信很可能是被篡改过的——同时，还谩骂居里夫人。编辑古斯塔夫·泰里（Gustave Téry）在文章里说，朗之万是一个"粗鄙的懦夫"[130]。朗之万觉得他必须向泰里发起决斗。

最后，双方都没有开枪，事件也平息了，但居里夫人的形象一落千丈。当决斗的消息传到瑞典科学院，科学院建议居里夫人不要来斯德哥尔摩参加颁奖典礼，同时，最好把她接受诺贝尔奖的时间推迟到朗之万离婚之后。他们还告诉居里夫人，倘若他们当初就认为私情事件属实，那么她根本就不会获奖了，而如今，他们担心这是真的。居里夫人回答，她认为自己的专业工作和个人生活之间没有任何联系。因为奖项是为了表彰她的工作，所以她才要去斯德哥尔摩。这自然更激怒了媒体。

爱因斯坦从布拉格给居里夫人写了一封信，为她所受到的侮辱鸣不平：

请不要笑话我给您写信，而在信里又没有什么恰当的话要说。但是，我对公众竟然把注意力投射到您个人生活这种卑鄙的行径感到非常愤怒，我必须把这种情绪表达出来……我有必要让您知道，我是多么钦佩您的智慧、您的干劲和您的正直，我觉得，我在布鲁塞尔能与您建立起私交是一桩幸事。但凡不是无耻之徒，都会一如既往地为我们中间有像您这样的人物而感到高兴，当然还包括朗之万先生，你们是真正的人物，能和你们打交道是一种荣幸。如果这群乌合之众继续纠缠您，那请您索性就不要去搭理他们，把流言蜚语留给那些无耻之徒吧，那些本就是编造出来供他们消遣的。[131]

第 32 个闪回　广义相对论的雏形

想象一下，有个人在一个没有窗和门的小房间里醒来，就像待在电梯里一样。他没有办法知道自己在哪里，只知道自己漂浮在房间中央。这意味着这个人要么位于不受任何引力影响的太空深处，要么在地球上做自由落体运动——但他并不知道自己属于哪一种情况。在这两种令人焦虑的情况下，人会体验到完全相同的失重感。

1907 年 11 月，当爱因斯坦还在专利局上班时，他突然迷上了失重的概念。他闲坐在办公桌前时突然想到，如果一个人自由下落，他是不会感觉到自己的重量的。后来，爱因斯坦称这是他一生中"最幸福的想法"[132]。他对此感到既吃惊又兴奋，因为他意识到这是发展引力理论的关键。回顾这位不幸坠落的人，他想到了另一个虽然简单但很重要的事实，即当一个人坠落时，他的速度是变快的。爱因斯坦从中洞见到，一个人在引力场中坠落和在没有引力的情况下加速是等价的。

这种等价性并不是显而易见的，但爱因斯坦提出的另一个思想实验有助于把它解释清楚。在实验里，有个人被困在了电梯里。这回，当他在没有窗和门的房间里醒来时，不再像宇航员一样漂浮在地板和天花板之间。相反，他双脚站在地板上。这个人可能在地球上，处于地球的引力场中，但也有可能在太空里。如果有人在房间的顶部系上一根绳子，并以恒定的加速度"向上"拉房间，那么房间里的人就会感觉到他的脚被压在地板上，自己就像站在地球上一样。他不仅可以像在房子里、银行里或邮局里那样站着，而且他掷出的炮弹也会掉到地上。爱因斯坦意识到，加速度和处于引力场中的效果是无法区分的，他独具慧眼地从中得出结论：引力和加速度实际上是密切相关的。

当爱因斯坦确认他的"等效原理"后，这个原理便指导了他对引力的思考，进而他开始致力于推广狭义相对论。他意识到自己在 1905 年创立的理论是不完整的。毕竟，它只是一个特例，仅仅与物体做匀速直线运动或静止状态有关。爱因斯坦想构建一个包含加速度的更一般化的理论，而他也确信一定存在这样的理论。"我决定将相对论从匀速运动的系统推广到加速系统。"他后来总结道，"希望这种推广也能让我解决关于万有引力的问题。"[133]

等效原理有一个反直觉的结论，那就是引力应该会使光线弯曲。想想那位在电梯里的人正在加速向上。现在，墙上有一个针孔，有一束光从外面照进来。当光射到对面的墙壁时，电梯已经向上移动，光线会比穿过针孔时离地板更近。如果画一张光路图，那么它会向下弯曲。根据等效原理，引力和加速度的影响应该是相同的，那么光线在引力场中也应该是弯曲的。

1911 年，在爱因斯坦即将离开布拉格时，他又重新研究起了广义相对论。此时，他重点考虑的是两个现象。第一个是光线的弯曲，这是他之前曾设想过的，而现在他开始继续对它做仔细研究。然而众所周知的是，光是沿直线传播的，它不会游离于 A 到 B 之间的最短路径之外。那么，光线怎么会弯曲呢？

一种可能的解释是，把光的路径想象成地球——或者其他弯曲或扭曲的表面——上两点之间的最短路径。在这些表面上，从 A 到 B 的最短路径并不是直的，而是弯曲的，它有一个特殊的名字：测地线。它可以是光传播的媒介，即由于引力的存在而弯曲的空间本身。如果是这样的话，那么光会沿着弯曲的测地线传播，而不是人们更加熟悉的直线。

　　爱因斯坦重点考虑的另一个现象，是当圆盘旋转时会发生什么情况。在狭义相对论的框架里，旋转的圆盘会造成问题。对于在参考系内不和圆盘一起旋转的人而言，圆盘的周长会变小，就像对站在车站的人而言，当火车从他们身边疾驰而过时，火车的长度会收缩一样。这是光速恒定的结果，是爱因斯坦通过狭义相对论推导出来的，其本身并不会引发什么麻烦。问题是，对于这个观察者来说，旋转的圆盘的直径不应该发生变化，就像站在车站的人所观察到的火车宽度不会像其长度一样改变。长度的收缩只发生在运动方向上。如果圆盘的周长发生变化而直径不变，那么它们之间的关系就不能通过圆周率定义。

　　圆的直径和周长可以用圆周率定义，这是我们所熟悉的几何原理之一。古希腊数学家欧几里得（Euclid）在公元前 300 年左右提出了这个定义，此后它一直被证明是非常有用的。欧几里得几何描述了平面上的各种形状的性质。在他的框架里，正方形的内角都是 90 度，三角形的内角和都是 180 度，等等。但欧几里得几何无法描述爱因斯坦的旋转圆盘。倘若它不能描述旋转，那么它就不能定义加速度，因为旋转实际上是一种加速度。而且，由于等效原理，如果欧几里得几何不能描述加速度，那么它就不能用在引力领域。

　　通过对光线弯曲和旋转圆盘的认真思考，爱因斯坦意识到要推广他的相对论，使之适用于加速度和引力，就要用非欧几里得几何的语言来进行表达。这种几何描述了曲面上各种形状的性质，而曲面是弯曲或扭曲的，是不平坦的。在非欧几里得空间里，正方形的各个内角不会都是 90 度。而倘若在地球表面上画一个三角形，并且以顶点之间的最短路径作为直线的话，那么相较于传统的三角形，它们看起来会稍稍凸起，其内角和也会大于 180 度。

不幸的是，对爱因斯坦而言，这里需要用到的数学既陌生又艰深，在他还是学生的时候，并没有对这些知识给予足够的重视。但他碰巧认识一个很熟悉这个领域的人。

1912 年 7 月，爱因斯坦被苏黎世大学聘为教授。当他搬回苏黎世后，发现自己又回到了老朋友兼同学马塞尔·格罗斯曼的身边。格罗斯曼当时已是苏黎世联邦理工学院的数学系主任，他非常了解非欧几何。这是他毕业论文的主题，并且他已经在这个领域发表过 7 篇论文。

爱因斯坦几乎是刚一落脚就去拜访了他的这位朋友。"格罗斯曼，"他说道，"你得帮帮我，不然我会发疯的！"[134] 他向格罗斯曼解释了自己遇到的困难，而格罗斯曼则热情地答应帮这个忙。他专门指导了爱因斯坦研究波恩哈德·黎曼（Bernhard Riemann）的成果。

黎曼是有史以来最伟大的数学家之一。在黎曼之前，非欧几何主要是研究描述球面和其他稍微复杂一点儿的曲面的数学方法。黎曼提出了一种新方法来描述曲面，即使它的每个点都发生了几何变化，也就是说，曲面可以在这里是弯曲的，在那里是平坦的，然后又突然以某种古怪的方式发生扭曲。不仅如此，黎曼还发现了一种描述四维空间几何的方法，而他把实现这种方法的工具称为"张量"。如果爱因斯坦要推广相对论，他就需要研究张量。

张量很复杂，它包含了与对象有关的一些信息。拿矢量来举例，它包含关于对象的两个信息：方向和大小（即对象有多少，如距离有多远或速度有多大）。矢量本身是这两个因素的组合。当炮弹离开炮口时，它会有一定的速度和方向，因此可以计算出炮弹在炮口的矢量。当炮弹投向敌人时，它的速度和方向会不断地发生变化，所以炮弹经过的路径上的每个点，都可以用一个矢量来描述。矢量是张量的一种，它友好而简单。但是，有些张量包含的信息远远不止两个。张量包含的信息越多，计算就越困难。不出所料，爱因斯坦用来计算宇宙构成的张量包含了大量信息。

在和格罗斯曼一起研究时，爱因斯坦已经有了科学史上最深刻的思想之一。他已经意识到引力是几何的，它是时空的曲率。顾名思义，时空是空间和时间的结合体，它是空间的结构，是万物存在的媒介。质量会扭曲时空：质量越大，时空就越扭曲。比如说，保龄球的质量比玻璃弹珠大，它会让蹦床的表面陷得更深。大致地说，空间的结构也是如此。大质量物体会弯曲和扭曲其周围的时空，它们的质量越大，时空弯曲就越厉害，即一个物体的质量越大，它的引力场就越强。

在回到苏黎世后的几个月里，爱因斯坦试图用张量构建一个描述时空的方程组。这是一项异常艰苦的工作。有时候，为了确保张量本身有意义，他会尝试用纯数学方法来解决问题，而另一些时候，他会用物理的方法来处理问题。他想让自己的方程与现实世界具有必然的联系，而不仅仅是抽象的数学，他想确保数学是易于理解的。

到 1912 年底，爱因斯坦实际上已经研究出了一个漂亮而又基本正确的张量方程组。在向世界公布这个理论的 3 年前，他已经卓有成效地找到了宇宙运行的正确答案。但在提出方程组之后，他要等着验证它。在描述某些情况——比如在地球上——的时候，方程组应该和牛顿的理论一致。如果做不到这一点，那么无论方程组本身多漂亮，它都是不成功的。爱因斯坦在检查的时候犯了一个错误。这让方程组看起来根本不符合牛顿的理论，所以他把它扔到了一边，转而研究起了别的东西。

1913 年，爱因斯坦和格罗斯曼在共同发表的一篇论文里宣布了他们的一些发现。他们知道，这只是一个初步的概述——他们称之为"草稿"。然而坦率地说，文章不仅不完整，而且是错的。该理论的主要缺陷之一是不具备"广义协变性"，也就是说，它得到的方程组可能会随着运动方式的改变而改变。最初，爱因斯坦希望自己的理论定律是不变的，它对每个人都一样，不管他们是静止的还是以某种方式加速的。另外，这个理论无法解释奇怪的水星运行轨道。

物理学家早在 19 世纪 40 年代就知道水星的轨道是个麻烦。行星轨道的"近日点"是指它们最接近太阳的点。水星近日点的偏移量超出了牛顿定律所能解释的范围。它的实际情况比牛顿定律的计算值稍微多了一点点——准确地说，是每世纪 43 弧秒，但这个数值仍然大到了无法忽略不计。起初，人们认为有一颗看不见的行星在吸引水星，就像海王星吸引天王星一样，于是人们把这颗行星称为火神星。当然，火神星是找不到的，因为它根本不存在。

如果爱因斯坦的方程组是对的，那么就应该可以正确地预测水星近日点的偏差。爱因斯坦知道这一点，他渴望能算出结果。他甚至还找了老朋友米凯莱·贝索帮忙，贝索在夏天拜访他时，帮他做了一些计算。不幸的是，他们得出的结果与实际情况相去甚远。然而，即使在没有任何证据支持的情况下，爱因斯坦仍然相信自己是对的。一定还有别的东西在困扰着他——他还缺了一些什么。

他在给朋友的信中写道："大自然只给我们看了狮子的尾巴，但毫无疑问，在我的脑海里，这条尾巴就是属于狮子的，即使因为它的体型太大，而无法马上出现在我眼前。我们对它的了解，就像一只停在它身上的虱子。"[135]

第 33 个闪回　艾尔莎

艾尔莎和爱因斯坦在华盛顿特区（1921 年）

　　艾尔莎·勒温塔尔（Elsa Löwenthal）和爱因斯坦从小就认识。他们的母亲是姐妹，父亲是表兄弟，所以她和爱因斯坦既是姑表亲，又是姨表亲。他们操着相同的方言，熟悉同样的地方，知道大量相同的家庭故事，也拥有共同的童年记忆。他们第一次一起体验艺术是在慕尼黑歌剧院。和表弟一样，艾尔莎长大后搬了家，也结了婚。她和一个挥金如土的纺织商生了两个女儿。他们的婚姻维持了 12 年，1908 年离婚后，艾尔莎搬回了父母家。

　　艾尔莎早已是柏林社交圈里的名人。她偶尔会在剧院里朗诵戏剧诗。她很有主见且意志坚强，毫不掩饰自己想向上爬。尽管视力不好，但她拒绝戴眼镜，在某次晚宴上，她曾误把插花当成沙拉吃了。

1912 年 4 月，爱因斯坦到柏林拜访一些朋友和同事。按照习俗，他还去拜访了自己的姨妈和姨父。在那里，他和艾尔莎又重新建立起了联系。

当爱因斯坦回到布拉格后，艾尔莎悄悄地给他寄了一封信。收到信后，爱因斯坦赶忙回复道："我甚至不知道该如何告诉你，这几天来我是多么喜欢你……一想到我们在万湖的旅行，我就高兴极了。要是能再如此，我愿付出一切代价！" [136]

然而不到一个星期，爱因斯坦就开始觉得他们的这种新关系是错的，于是又给她写了一封信说明。两周后，为了说服自己要相信自己所说的话，他又写了一封信。

我这么晚才写信，是因为我对我们之间的事有些担忧。我有一种感觉，如果我们的关系变得更紧密，对我们两个和其他人都不是一件好事。所以，我今天最后一次写信给你，我再次屈从于这种不可避免的命运，你也必须如此……我不抱任何希望地背负着十字架。[137]

但是，爱因斯坦无法完全断绝与表姐的联系。7 月，当他刚搬回苏黎世，就把自己的新工作地址告诉了艾尔莎。

1913 年 7 月，爱因斯坦得到了一份报酬非常丰厚的工作，他当上了柏林大学的教授、一个新物理研究所的主任，以及普鲁士科学院有史以来最年轻的院士。他不需要上课，而且收入很高。他告诉艾尔莎，米列娃对搬到柏林的事百感交集。"她害怕亲戚，可能最怕的就是你（我希望这个说法是对的！）。但你和我完全可以幸福地在一起而不必让她受到伤害。本就不属于她的东西，何谈被你夺走。"[138]

爱因斯坦和玛利奇已经渐行渐远。他写道："我把妻子视为无法解雇的员工。"[139] 反而，他在艾尔莎身上找到了爱和温暖，她成为他抵御日常生活打击的堡垒。"我今天才收到你的信，而现在又坐下来写回信，这样真丢人。"[140] 他在 1913 年 10 月写道，"但是，和你一起度过的几个小时让我觉得很是惬意，我非常渴望这种愉快的交谈和舒适的约会，以至于忍不住伸手去拿那张令人难受的纸来代替现实。此外，我家里的情况比以往任何时候都可怕，那是一片冰冷的寂静。"

艾尔莎会给他送食物和礼物，其中有一把梳子，用爱因斯坦的话说，是他的"硬毛女友"[141]。为了让她开心，他还编了一个如何用梳子的笑话："我会定期用梳子梳头，还定期做其他卫生清洁工作。我还会用它来指挥，牙刷可以退休了。"[142]

他在信中写道，如果他们能在一个波希米亚的小家里过着平实的生活，那该有多好。这是他学生时代的梦想，是曾经和玛利奇共有的梦想，但这和艾尔莎想要的相去甚远，整洁仍然是他们争论的焦点：

但是，倘若我开始关注自己仪容的整洁，我就不再是我自己了……所以，让它见鬼去吧。如果你觉得我这么不合你的品味，那就去找一个更合你们女性审美的朋友吧。但我会继续懒惰下去，这样做有一个好处，那就是可以让那些"纨绔子弟"对我完全不感兴趣，否则他们会来骚扰我。

希望这些亵渎的话还在你能接受的范围内。

吻你的手

你的手确实脏兮兮的

阿尔伯特 [143]

第 34 个闪回　烟瘾人生

"我已经下定决心，在我大限将至的时候，要在最低限度的医疗救助下死去，而在那之前，我要满足自己内心的邪恶欲望。"[144] 爱因斯坦在 1913 年给艾尔莎的信中写道，"所以，我要像烟囱一样抽烟，像马一样工作，不加思考和选择地吃东西，只和真正令人愉快的人一起散步，因而只有很少的机会……还有想睡就睡。"

他在取笑艾尔莎，因为她为他担心，一直在给他一些合理的建议。上面的愿望清单或许是一个笑话，但是总结得很到位，非常准确地描述了爱因斯坦的生活方式。他几乎一直在抽烟。他抽雪茄，那些他能找到的最粗、最长的雪茄，不过他更喜欢烟斗。1950 年，爱因斯坦在获得蒙特利尔烟斗俱乐部的终身会员资格时写道，他认为吸烟有助于"对所有人类事务做出某种冷静且客观的判断"[145]。

爱因斯坦的烟斗是一种可以让他付诸行动、帮助他思考的工具。在他的众多烟斗中，有一个由荆棘木制成的普通烟斗，这个外观粗糙的烟斗如今被收藏在美国国家历史博物馆，它是那里的现代物理学相关藏品中最受欢迎的。即使在戒烟的日子里，爱因斯坦也经常随身携带并拿出来咬它，因为咬得太厉害，都咬出了一个洞。

尽管如此，爱因斯坦从来没有戒烟太长时间。艾尔莎曾多次提醒他吸烟有害健康。为了回应她的提醒，他曾经和她打赌，说自己可以从感恩节开始，一直到新年都不吸烟。结果他赢了。不过到了元旦那天，天还没亮他就起床了，除了吃饭，烟斗在一整天里都没有离开过他的嘴。

爱因斯坦最喜欢的烟草牌子是"启示录"，但他并不挑剔。在他生命的最后阶段，医生再次要求他戒烟，他为此改变了上班的路线。以往，他会经过一片修葺的绿色草地。不过，他发现如果沿着街道走，就会看到许多雪茄和香烟的烟蒂，他可以把它们捡起来，然后装在烟斗里继续抽。他不想因明目张胆地买烟而得罪他的医生。他一直抽着这种烟蒂，直到一位朋友同意定期给他烟草。只要严格说来不是自己的烟草，他就觉得自己有抽的权利。

第 35 个闪回　分居

　　爱因斯坦夫妇的婚姻关系一直在恶化，而在 1914 年 4 月，把家搬到柏林的决定实际上彻底毁了这段婚姻。玛利奇很痛苦，爱因斯坦认为家庭干扰了自己的工作。他爱上了表姐，而米列娃自己也至少有过一桩风流韵事。

　　新公寓住了不到两个月，米列娃就带着孩子们搬去和一位二人共同的朋友同住，尽管她仍然希望事情能回到正轨。不久之后，爱因斯坦给玛利奇发了一份措辞严厉的清单，列出了她必须答应的事项，以便他们能重新一起生活。这份非正式的清单全文如下。

A. 你要确保：

　　1. 保持我所有衣物整洁；

　　2. 安排好我在房间里的三餐；

　　3. 保持我的卧室和书房整洁，尤其是我的书桌只能由我本人使用。

B. 若非社交必需，我们将断绝一切私人联系。具体来说，你必须放弃：

　　1. 我们一起坐在家里；

　　2. 我们一起出去或旅行。

C. 在与我的关系中，你要遵守以下几点：

　　1. 不要指望我跟你亲热，也不要责备我；

　　2. 如果我要求，你必须停止和我说话；

　　3. 如果我要求，你必须立即离开我的卧室或书房。

D. 你要保证，不在我们的孩子面前有贬低我的言行。[146]

在这份清单的最后，爱因斯坦又加了一段令人备感苦涩又有点儿令人困惑的附言，他写道：

> 自欺欺人地走自己的路吧。我真的不在乎。慢慢读，这对你有好处。也读给你的家人听听，他们也无济于事。

他补充道："自从来到柏林，你变得很懒。"这是给汉斯·阿尔伯特的附言。

当玛利奇接受了这些要求后，爱因斯坦再次写信给她，以确保她"完全清楚状况"[147]：

> 我准备回到我们的公寓，因为我不想失去孩子们，也不想让他们失去我，这就是所有的原因。在发生了这一切之后，我们不可能再搭伙了。我们的关系应该变成一种诚信的公事公办的关系，在个人方面必须尽量避免接触。不过，作为回报，我向你保证，我会对你保持举止得体，就像我对待任何一个陌生人一样。我对你有信心，但也仅此而已。如果你不接受以此为基础继续一起生活的话，我将不得不承认分居是有必要的。

1914 年 7 月 24 日，他们当面正式签署了一份分居协议。爱因斯坦同意将一半的薪水给米列娃，也没有要求离婚。在紧接着的那个星期三，玛利奇带着两个男孩离开柏林前往苏黎世。爱因斯坦陪他们登上了早班火车。他哭了，这是他一生中少有的——事实上，他哭了整整一下午外加晚上。离开儿子们的生活是难以想象的，他被这种即将到来的生活压垮了。

他写道："要是我还有其他感受，那么我就是一头真正的怪物。"[148]

第 36 个闪回　罗素的评价

　　哲学家、数学家伯特兰·罗素交友极广，他几乎和 19 世纪末至 20 世纪上半叶的所有名人都有往来，但他几乎没有赞扬过其中任何一个人。

　　例如，他"对列宁的印象不及预期"[149]；在他看来，阿尔弗雷德·丁尼生①（Alfred Tennyson）勋爵"简直是个骗子，谎话连篇"；德怀特·D.艾森豪威尔（Dwight D. Eisenhower）是"一个愚蠢的家伙"；而乔治·萧伯纳（George Bernard Shaw）"很自负，而这就是他的全部"；至于 D. H. 劳伦斯（D. H. Lawrence），则"完全无法忍受，他就是个法西斯分子"。

　　罗素也熟悉爱因斯坦，正如他在 1961 年所说的，他认为爱因斯坦"可爱得令人难以置信。他极其单纯，一点儿也不矫揉造作。你可能曾在火车上和他相遇，却根本不知道他是一位杰出的人物。他非常非常友好，思想也很开放。我认识的爱因斯坦非常讨人喜欢，我认为他是我所认识的伟大人物中，最令人满意的。这就是我所知道的爱因斯坦"。

---

①　阿尔弗雷德·丁尼生（1809 年 8 月 6 日—1892 年 10 月 6 日），英国诗人、编剧。——译者注

第 37 个闪回　第一次世界大战

在 1914 年第一次世界大战爆发前的几年里，欧洲一直处于爱因斯坦所谓的"剑拔弩张"[150] 状态。和其他许多人一样，爱因斯坦也认为这一切不会有什么结果。

他的好友、柏林的威廉皇帝物理化学研究所所长弗里茨·哈伯（Fritz Haber）没有在战争爆发时就跑到前线，但他依然把自己视为一名战士。他的脸上布满了年轻时留下的伤疤。在申请成为军官后，他每天都穿着军装上班，大家也都知道他外出时会戴上头盔。`

哈伯在战争方面为德国做出的"贡献"包括两项重大科学创新。第一项创新改变了人类的基本活动。英国很快就对德国及其盟国实施了海上封锁，目的不仅是控制食品供给，更重要的是想控制硝酸盐的运输。硝酸盐是肥料和炸药的基本成分。倘若德国没有硝酸盐，那么战争可能很快就会结束。甚至在战前，哈伯就发现了这个潜在的问题，于是他设法创造了一种合成氨的方法，只要经过简单的化学反应，就能将氨制成硝酸盐。人类有史以来第一次制造出了化肥——当然，还有炸药——这种发明可以让农业种植免受无序又没谱的自然过程的影响。

哈伯的第二项"贡献"就是化学武器。他是第一个使用氯气和芥子气的人。吸入的氯气与湿气结合，肺部就会充满盐酸，使人产生一种体内在灼烧和溺水的感觉。芥子气则会导致皮肤和肺部起泡，并伴有暂时的失明。

贯穿整场战争，甚至一直到战后，哈伯和爱因斯坦一直保持着非常亲密的关系，尽管他们的政治信仰和行为完全不同。在爱因斯坦夫妇分居期间，玛利奇和孩子们一直住在哈伯家。在哈伯用氯做实验时，爱因斯坦则在辅导这位朋友的儿子数学。

爱因斯坦是一位和平主义者，在战争爆发时，他承认自己与周遭格格不入。他在给朋友的信中写道："在这样的时刻，人们会意识到自己是一种多么可悲的野兽。我……觉得他们既可怜又恶心。"[151]

爱因斯坦保留了瑞士国籍，这意味着他不会被征召入伍，为德国而战。就算德国皇帝希望，他也不急着贡献自己的科学才能。相反，随着冲突的继续，他开始在持久和平中央组织（the Central Organisation for a Durable Peace）的大议会任职，并参加了德国和平协会（the German Peace Society）的会议。他也是新祖国联盟的早期成员，该联盟致力于建立一个欧洲联邦，以避免未来的冲突，不过该组织于 1916 年被取缔。

当被要求为一本由知识分子写的、为战争的正义性辩护的论文集撰稿时，他在文章里谴责时下的社会以及在生物意义上"雄性生物的攻击本能"[152]，并宣称，战争是人类发展的最大敌人。他总结道："说了那么多，其实可以用一句话来表达，这句话让一个犹太人说出来非常合适：不仅要用言语和颂歌，更要用实际行动来赞美你们的主——耶稣基督。"

1918 年，德国的军事当局最终决定限制爱因斯坦的行动自由，他们觉得他已经变得过于危险。与此同时，弗里茨·哈伯凭借其在战时的"贡献"获得了诺贝尔化学奖。

第 38 个闪回　广义相对论与希尔伯特

爱因斯坦在柏林继续和他的引力场方程作斗争。这不是一项容易的工作，他的战斗持续了一年多，主要是因为用的方法不对。自从玛利奇和儿子们离开后，他就搬到了一栋新楼的一套公寓里，这套公寓有 7 个房间，配的家具远远不够。在那里，他可以一个人随心所欲地工作，饿了就吃，累了就睡。当他在空荡荡的房间里来回踱步、陷入沉思时，他和马塞尔·格罗斯曼关于广义相对论研究的结果所包含的问题变得越来越清晰。但爱因斯坦没有打算放弃，至少当时还没有。

1915 年夏天，他去哥廷根大学做了一次为期一周的系列讲座，介绍他的工作进展。在理论物理学的数学方面，哥廷根大学被认为是最重要的研究机构，大卫·希尔伯特（David Hilbert）是其中最杰出的数学家之一。爱因斯坦意识到了希尔伯特的才能，于是两人成了朋友。爱因斯坦很高兴找到一位能理解他的工作的人，他向希尔伯特解释了自己的理论里的复杂细节。希尔伯特被这个想法迷住了——他是真的对此产生了兴趣，于是决定看看自己是否能得到正确的场方程组。

在访问哥廷根大学的 3 个月后，爱因斯坦的理论"草稿"又遭遇了两次挫败，他无法面对这么多的失败。正当准备把自己多年的研究成果束之高阁之际，爱因斯坦得知希尔伯特也在努力寻找正确的方程组。于是，爱因斯坦开始重新复习张量，并着手尝试调整方程组。这次，他想要绝对确保自己得到的方程是协变的，因为宇宙定律对所有情况下的每个人而言都应该是一样的。

在爱因斯坦忙于建立一个正确的方程组来概括广义相对论的同时，他还在普鲁士科学院举行了一系列讲座，总结他那套理论的现状。1915 年 11 月的每个星期四，爱因斯坦都会去皇家图书馆的大厅，向科学院的院士们做讲座。在第一次讲座中，他详细说明了到目前为止他的错误，承认对这方面的努力已经完全失去了信心，并且最近已经开始改变策略。

在这段时间里，爱因斯坦和希尔伯特一直保持着通信，他们都试图超过对方。爱因斯坦在第二次讲座后收到了一封令他担忧的信。希尔伯特说，自己准备在下周二详细介绍他的整个理论，并邀请爱因斯坦参加。可以想象，爱因斯坦答复说无法参加——虽然他确实很想知道希尔伯特的证明。就在此刻，尽管知道自己的新方程组还没有定稿，爱因斯坦仍然决定试一下，看看是否能算出一些正确的结果。爱因斯坦重做了他和贝索对水星轨道的计算，令他非常高兴的是，他得到了正确结果：每世纪的偏差为 43 弧秒。

爱因斯坦写道："这几天以来，我简直欣喜若狂，激动不已。"[153] 他的朋友亚伯拉罕·派斯（Abraham Pais）后来评论说："我相信，这是爱因斯坦科学生涯中——也许是他一生中——最强烈的情感体验。"[154]

爱因斯坦于 11 月 18 日向科学院提交了研究成果。同一天，他也收到了希尔伯特论文的证明，他沮丧地发现希尔伯特的文章和他的非常像。两天后，希尔伯特把论文投给了一家科学杂志，题目起得有些自命不凡——《物理学基础》。

此时的爱因斯坦已经筋疲力尽，他忍受着严重的胃痛，设法及时完成了引力场方程组，并于 11 月 25 日在皇家图书馆举办了最后一次讲座。方程组是协变的，正如爱因斯坦一直希望的那样。他提出了广义相对论。关于这个理论，有一种最简单的形式，其中的很多内容是经过简化的，它是这样的：

$$G_{\mu\nu} = 8\pi T_{\mu\nu}$$

希尔伯特对他的论文进行修改后，最终于 12 月发表，他主要修改了方程组，使之能与爱因斯坦在讲座中提出的方程组相匹配。他从未宣称是自己发现了这个方程组，不久之后，他和爱因斯坦恢复了友好关系，这让双方都很愉快。

引力场方程组同时创造并准确描述了关于时间、空间和引力的新概念。尽管很难很深，但它们还是可以归纳成更简单的东西。方程组告诉我们，物质定义了时空是如何弯曲的（方程的左式），而弯曲的时空则定义了物质是如何运动的（方程的右式）。因此，宇宙就像一支美妙的华尔兹，舞伴会彼此影响，最终形成舞蹈。

方程组也是实用的工具。它们可以用来描述空间中物体之间所有特定的相互作用。只要代入正确的数，它们就能描述陨石穿越空旷的太空、小行星绕着巨大恒星运动的轨道、引力波的传送，以及星系的旋转。

第 39 个闪回　卓别林的回忆

16 年后，当艾尔莎在美国的加利福尼亚州与查理·卓别林共进午餐时，她根据自己的喜好，对爱因斯坦发现广义相对论的经过做了一番修饰，她把爱因斯坦灵感爆发的那一刻描绘得更简单。例如，没有必要让卓别林先生知道爱因斯坦为弄清这件事所经历的种种痛苦，当然，卓别林先生也不需要知道他们两人当时还没有同居。对当时的情景，卓别林的回忆是这样的：

晚餐时，她给我讲了爱因斯坦构思相对论的那个早晨的故事。

"博士和平时穿的一样，下楼来吃早饭，但他几乎什么也没吃。我想一定是出了什么问题，就问他有什么心事。'亲爱的，'他说，'我有一个绝妙的主意。'喝完咖啡，他弹起了钢琴。他不时停下演奏，做些笔记，然后又说：'我有一个绝妙的主意，它真是好极了！'

"我说：'看在上帝的份上，快告诉我是什么主意吧，别让我的心悬着。'

"他说：'这很难，我还得算算看。'"

她说他继续弹弹钢琴写写笔记。就这样大概过了半个小时，然后他上楼回到了书房。他让她别打扰他，接着就在书房里待了两个星期。"我每天上楼给他送饭，"她说，"到了晚上，他会散步活动一下，然后回去继续工作。"

"最后，"她说，"他脸色苍白地从书房走了下来。'就是这样。'他一边对我说，一边疲惫地把两张纸放在桌上。这就是他的相对论。"[155]

第 40 个闪回　营救阿德勒

1916 年 10 月 22 日的《皇冠画报》标题页。图为暗杀卡尔·冯·斯蒂尔格

1916 年 10 月 21 日下午两点左右，爱因斯坦的朋友弗里德里希·阿德勒走进维也纳的迈斯尔 – 沙登饭店，当时，奥地利总理卡尔·冯·斯蒂尔格（Karl von Stürgkh）伯爵正在那里用午餐。阿德勒走到斯蒂尔格的桌子前，高喊："打倒专制主义！我们要和平！"然后他朝着总理脑袋连开 3 枪。随后，他并没有拒捕。

自 1912 年以来，斯蒂尔格一直是奥地利的政府首脑，他解散议会，通过政令进行统治，建立起了一个独裁的军政府。也就是在那年，阿德勒离开苏黎世前往奥地利，为了和父亲一样成为社会民主党的政治家，他放弃了学术研究。阿德勒计划在暗杀前一天举行示威活动，呼吁重开被斯蒂格尔废止了的议会。

当爱因斯坦在柏林的报纸上读到关于这起谋杀案的消息时，他并不清楚阿德勒的动机。尽管如此，他觉得自己必须帮助阿德勒。是阿德勒的让位，才使自己在苏黎世获得了第一个正式的学术职位[①]。爱因斯坦写信给阿德勒的妻子卡西亚，表示愿意提供帮助。他写道："他是我认识的最优秀、最纯洁的人之一。"[156] 他还声明："他做事认真勤恳，我不相信他会轻率行事。"爱因斯坦还写信给在狱中的阿德勒，表示愿意为他作证。接着，爱因斯坦开始向他在苏黎世的朋友、阿德勒的前同事寻求帮助。由于他的努力，苏黎世物理学会的会员发表了一份正式的证词，借此肯定阿德勒的人品。

阿德勒在 1917 年 5 月被判处死刑，爱因斯坦随即接受了一家报纸的采访，希望能给他的朋友带来一些好处，在采访中，他甚至暗示阿德勒的所作所为可能是正当的："他在科学工作方面所反映的客观性，正是他日常行为的准则。"[157]

在作出判决时，圈内人已经知道，阿德勒很可能会免于死刑，因为他的父亲——社会民主党的领袖，对他表示了崇高的敬意。通过上诉，阿德勒从死刑降为 18 年的"监狱关押"，在第一次世界大战结束后，他便得到了特赦。

爱因斯坦甚至在生命的最后一刻，还称赞过奥地利人没有处死他的朋友。

---

① 见《第 27 个闪回》。——译者注

第 41 个闪回　史瓦西解

在俄国前线，有一个 40 多岁、高额头、大胡子、穿着中尉制服的男人坐在深壕里，他就是卡尔·史瓦西（Karl Schwarzschild）。自从志愿参军后，史瓦西先是被安排在比利时从事天气预报工作。如今，也就是 1916 年 1 月，他的工作则是计算炮弹的轨道，但此时此刻，他正在给阿尔伯特·爱因斯坦写信，讨论自己的一些新成果。作为曾经的哥廷根大学教授、波茨坦天文台主任，史瓦西是一位天才数学家。尽管要忍受刺骨的寒风和恐怖的战争，他还是想办法解出了爱因斯坦的场方程组。

就连爱因斯坦也没能解出自己的方程组——事实上，他一开始认为那个方程组无法求解。他自己采用了一种近似方法计算数值，这种方法的实用性是完全可以接受的，他认为这是唯一可以实现的求解方式。微分方程组并不是大多数人熟悉的那种数学。就某些情况而言，它们很可能没有精确解。求解微分方程组通常很困难，但史瓦西做到了，而且只用了几个月。他完成了爱因斯坦没做成的事情。"战争对我是仁慈的，"他在几个月前给爱因斯坦的信中写道，"尽管远处炮火连天，它却允许我走进你的思想。"[158]

爱因斯坦的场方程组描述了广义相对论的规则，即时空遵循的一整套定律。场方程组的解描述了时空在特定情况下的状况。爱因斯坦方程的某组解可以描述两颗恒星相互环绕时的状况，而另一组解可以描述一颗非常大的行星与两颗小卫星相撞后会发生什么，诸如此类。史瓦西的做法是解决最简单的情况，从而尽可能地简化工作，这是合乎情理的。最简单的情况是一个不旋转、均匀的、球对称的、不带电的质量体，即一个静止的质量球。他的解描述了球体周围时空的精确形状，别人可以由此计算出在球体附近运动的物体的轨道。这在实践中是相当有用的，因为太空里的大多数物体看起来基本上都像是一个球体。

然而，正如史瓦西所写的那样，他的解本身似乎并没什么问题，但有些不寻常。毫无疑问，解是正确的，但它意味着——或者更确切地说，它必然会得到一个结果——倘若球的质量被压缩到一个足够小的空间里，那么就无法继续计算了。比方说，倘若太阳被某种巨大的宇宙钳压碎，使其所有质量都压缩到特定的半径内，那么它就会坍缩成数学上的无穷大。这个半径的大小取决于物体的原始质量。如今，它被称为史瓦西半径，物体的原始质量越大，它的史瓦西半径也越大。太阳的史瓦西半径不到两英里①，与太阳的实际大小相比，它非常小。在这种高密度的质量点的中心，时空会无限向内弯曲。也就是说，在这两英里的半径范围内，没有东西——任何物体，甚至光——能逃逸，此时，由太阳所形成的物体是全黑的。更重要的是，由于在半径内的时空的剧烈扭曲，因此时间似乎完全停止了。

总而言之，这个结果看起来没什么意义，当时这两位科学家也都没有因此事而烦恼：这组解很奇怪，但并不要紧。爱因斯坦一直认为这桩数学怪事不能真正描述现实世界里的任何东西。但事实并非如此。自 20 世纪 60 年代以来，这种高密度的、在数学上令人困惑的现象被称为"黑洞"，它已经成为天文学领域中越来越重要的部分。最新一代的物理学家正在通过研究这个无底的深渊来探寻宇宙的秘密。2019 年，在史瓦西发现存在这种解的 100 多年后，人们拍摄到了第一张黑洞照片。尽管存在种种自相矛盾的性

---

① 约 3000 米。——译者注

质，但它们是真实存在的。事实上，它们在宇宙中很常见，或大或小地存在于星系的中心，彼此相互碰撞。

史瓦西没有时间细想他的发现的意义。在前线时，他感染了天疱疮，这是一种罕见的自身免疫性疾病。他在把论文寄给爱因斯坦几个月后就去世了。人们用他的名字来命名小行星、天文台和月球背面的陨石坑，当然，也包括一种黑洞。

第 42 个闪回　宇宙常数

夜晚的天空是黑的。但是为什么会是黑的呢？天上布满了数十亿颗恒星，事实上，既然恒星有那么多，那天上的每一个点都应该有一颗恒星在闪耀才对。我们被核聚变的信标包围着，它们发出的光在真空的太空中传播了数百万年，并且从不间断。如果每个方向上都有星星，那么夜空应该是白茫茫一片。但相反，我们看到的是黑暗里的星星点点。

几千年来，哲学家和物理学家都对这个问题感到困惑。古希腊人对此很好奇，17 世纪初的德国天文学家约翰内斯·开普勒和一个世纪后的英国天文学家埃德蒙·哈雷（Edmond Halley）也是如此。1901 年，英国物理学家开尔文勋爵（Lord Kelvin）发表了一篇简短的论文，试图解决这个问题，但没成功。为了解决这个问题，人们需要一个新的宇宙模型。夜空的黑暗与爱因斯坦的广义相对论的一个非常特别的结论紧密相关，也与他那个被人们称为"最大的错误"[159]的结论有关。

广义相对论是一个美妙的理论，是爱因斯坦在 1915 年发表的场方程组的结晶。它让人们重新认识了宇宙，揭示了诸如水星不规则轨道之类的秘密；它还要求人们用新的方法来理解时间、空间和质量。但它似乎也有问题。

这个问题就是，宇宙中的物质，即所有恒星、行星、陨石和彗星的总质量，影响着整个宇宙的大小。在研究自己的方程组时，爱因斯坦发现，当将之应用到整个宇宙时，会得到宇宙无法保持固定大小的结论。如果宇宙是静态的，那么引力最终会把所有物质吸引到一起。然而，这种情况显然没有发生，物质没有聚拢到一起，所以宇宙不可能是静态的。如果广义相对论的最基本原理是正确的，那么宇宙一定在膨胀或缩小。宇宙中的物质要么会让空间结构分崩离析，也就是终有一天，素有"由大自然之手建造的大厦"之称的恒星，将彼此远去，这将使几乎全宇宙被黑暗笼罩；要么宇宙向内坍缩，一切都聚到一起，最终收缩并挤压成一个点和虚无。

爱因斯坦觉得，这两种可能性都不吸引人。更重要的是，它们与事实不符。在 20 世纪早期，天文学家还没有意识到宇宙比银河系大多少。在我们所处的星系里，一切似乎都很稳定，地球绕着太阳转，当然，其他地方的行星运动也类似。但是，就宇宙万物的总体情况而言，当时的人都认为，它们都停留在本该在的位置上，既没前进，也没后退。当时，包括爱因斯坦在内的物理学家一致认为，宇宙是静态的，它无始无终。

相比于相信自己的理论，不管它的结论多么奇怪，爱因斯坦选择屈服于传统经验，承认自己并不完全正确。他已年近 40，正处于人生的中点，既不年轻，无法再重新构想宇宙，也不年老，不相信自己比别人更有经验。他是一位声誉卓著的教授，在科学界备受尊敬，在德国也很有名。他生活舒适，地位稳固，而且——尽管他自己可能不愿承认——他是一个中产阶级知识分子。与广义相对论的角力使他认可了数学的力量，也加强了对直觉和思维创新的依赖，但他仍然重视可观察到的事实。就实际情况而言，他似乎也别无选择。爱因斯坦需要优化自己的方程组，否则广义相对论就会变成与现实脱节的胡说八道。这让爱因斯坦真的开始相信宇宙是均匀且各向同性的，也就是说，宇宙在所有方向上看起来都一样，地球在宇宙中并不特殊。他还相信宇宙是永恒不变的，即使这与广义相对论的结论相反。

1917 年，爱因斯坦对场方程组做了所谓的"轻微修改"[160]。他添加了"宇宙常数"，即用希腊字母 Λ 表示的"宇宙项"。他在自己的方程组里引入了一处修正，从而使宇宙在数学上是静态的。这听起来像是在作弊，虽然这在一定程度上是事实，但也没那么糟。并不是随随便便加一个已经存在的数就能得到他想要的结果。首先，新增的这一项没有影响方程组的正确性。更重要的是，这个数早已存在于原来的框架里——为了随时可以用上该数，他之前假设它的值为零，因此可以忽略不计。而现在情况似乎发生了变化。

宇宙常数的作用是提供一个向外的推力来抵消物质间的引力，使宇宙变得稳定。这个推力就是反重力。尽管爱因斯坦认为 Λ 是必需的，但仍然对它不满意。他在那篇引入宇宙常数的论文里写道："为了得到这个与事实相一致的结论，我们不得不扩展引力场方程组，这个扩展是我们在对引力的实际认知中无法证明的。"[161] 他看起来似乎有些沮丧。

这个新术语毁掉了方程组原有的优美，"严重损害了相对论的形式之美"[162]。是的，理论被补了一块，但更让爱因斯坦担心的是，它是否真的需要这块补丁。这样做似乎有点儿粗劣。不仅是爱因斯坦，连造物主都会有这样的感觉。爱因斯坦认为，宇宙不容许粗制滥造和复杂，它应该是简单的。创造宇宙的终极法则不应该是混乱的。正如他在 1933 年的一次演讲中说道："大自然是最简单的数学概念的实现。"[163] 即便如此，尽管他从来没有真正喜欢过宇宙常数，但很快便离不开它了，因为它确保了宇宙是静态的。

在接下来的 10 年里，爱因斯坦成为继牛顿之后最著名的科学家，他获得了诺贝尔奖，而这个常数也开始受到质疑。研究爱因斯坦方程组的物理学家想要说服他，宇宙膨胀不只是一种可能性。这是从他的理论推导出的一个合理的结果，甚至实际情况可能就是如此。尽管证据表明那些物理学家可能是对的，但爱因斯坦还是不认可他们。

1912 年，在爱因斯坦完成方程组之前，天文学家维斯托·斯里弗（Vesto Slipher）观测到了宇宙中遥远的星体，发现它们似乎正在后退。由于设备的原因，他无法肯定这项结果和宇宙膨胀有关系，但到了 20 世纪 20 年代，其他观测证实了斯里弗的猜想。位于帕萨迪纳市圣加布里埃尔山脉的威尔逊山天文台拥有当时世界上最大的望远镜，该天文台对已知宇宙的边缘取得了令人兴奋的发现。他们的数据虽然不完整，但那里的天文学家也看到了遥远的星团似乎正在离我们而去。

而在那时，爱因斯坦已是世界上最杰出的科学家，10 年来他一直支持宇宙常数和静态宇宙，只有无可争辩的事实才能使他改变主意。1929 年，美国著名天文学家、威尔逊山天文台主任埃德温·哈勃（Edwin Hubble）发表了一篇论文，给出了宇宙膨胀的确凿证据。1924 年，哈勃发现了银河系外有一个星系，人们把它称为仙女星系。很快，他又发现了 20 多个类似的星系，这彻底改变了人们对宇宙大小和本质的看法。宇宙不只是一个恒星集合，而是如伊曼努尔·康德（Immanuel Kant）所说存在诸多"孤岛宇宙"，它们彼此遥遥相隔。

面对这些新的银河系外恒星，哈勃和他的同事米尔顿·L.赫马森（Milton L. Humason）开始测量它们的红移。光的红移类似于声音的多普勒效应。当波相对于接收它的物体运动时，它的频率就会发生变化。如果救护车的警报声或货运列车的低音汽笛声向你靠近，那么它们产生的声波就会被压缩，这意味着频率会变高，因此听起来音调也会变高。而当这些声音离你远去时，声波则会延展开来，这样会使频率降低，所以听起来音调会变低。光也是如此。当某个光源——比如一颗恒星——向观测者移动，那么光波就会被压缩，从而产生更高频率的颜色，即向光谱的蓝色端移动。如果恒星逐渐远离观测者，那么光的频率就会变低，颜色就会趋向红色。

斯里弗早就发现遥远恒星发出的光在红移，比利时物理学家兼牧师乔治·勒梅特（Georges Lemaître）也发现过。而哈勃和赫马森现在掌握了实实在在的证据——它们是无法忽视的，证明各个方向的恒星都在离我们远去，从而变得越来越红。除非地球是万物的中心，否则这只能说明宇宙在膨胀。

这个消息传到了柏林，也传到了爱因斯坦的耳朵里，他几乎立刻把宇宙常数剔除出思考范围。两年后，当他第二次到美国旅行时，他和艾尔莎一起去了威尔逊山。由于他的名气，这次访问引起了很大轰动，对哈勃而言更是如此。爱因斯坦被带着四处参观，并被允许拨弄那架著名的望远镜上的刻度盘。据报道，当人们告诉艾尔莎，所有这些巨大的仪器可以确定宇宙的范围和形状时，她回答道："嗯，我丈夫用一个旧信封的背面就做到了。"[164]

有人给爱因斯坦看了赫马森和哈勃研究用的底片，他立刻明白了这一切的规律。第二天，在天文台图书馆举行的新闻发布会上，爱因斯坦正式宣布放弃宇宙常数，并承认宇宙很可能根本不是静态的。

宇宙在膨胀。假设你在一个还没充气的气球表面均匀地画上一些点，然后给气球充气。随着气球膨胀，这些点会散开，你会发现，点和点之间的距离越远，那么它们分离的速度就越快。也就是说，如果两个点一开始就离得很远，那么当气球膨胀时，二者距离的变化就会很大；如果它们很近，距离的变化就会很小。简言之，这就是膨胀的宇宙，气球代表宇宙本身，而点就是宇宙中的物质。这意味着就最遥远的恒星而言，随着离我们越来越远，它们会变得越来越暗，直至最后消失于视野。这将需要一个又一个世代——时间远远超过太阳系的寿命——但最终，整个太空将成为孤零零的恒星的海洋，这些恒星将独自被黑暗吞没。这或许并不是一个令人愉快的想法，但爱因斯坦很高兴。

作为这一发现的副产品，夜空是黑暗的奥秘终于得以解释。在确保存在光明和黑暗的问题上，膨胀的宇宙起到了两个重要的作用。首先，正如我们知道的，宇宙膨胀意味着恒星发出的光会向光谱的红端移动。这个过程并不是只存在于可见光。恒星离我们越远，它的电磁波波长就会被拉伸得越多。通过这个过程，可见光变成红外线，从我们的视野里消失。

更重要的事实是，膨胀的宇宙会有一个起点，膨胀便是从这个点开始的。如今，我们知道它就是大约发生在 138 亿年前的宇宙大爆炸。这也意味着光的传播时间是有限的。138 亿年确实是一段很长的时间，但由于光不是瞬间从 A 点传到 B 点，而是以特定的速度传播的，因此对某些恒星而言，还没有足够的时间让它们的光到达地球。此外，由于宇宙在膨胀，星光需要经过的路程也在不断变长，所以它们永远不会传到地球。夜空是黑暗的，因为宇宙有一个起点。

从 1931 年起，爱因斯坦愉快地摆脱了宇宙常数的束缚，除了玩笑，它再也没有出现。它的历史使命结束了。方程组恢复了优美。

然而，很久以后，事实证明这样也并不完全正确。出于某个出人意料的目的，这个常数被重新提及。事实证明，它越来越难以被剔除[①]。不过，在爱因斯坦的余生中，这个巨大的错误就这样结束了。

---

① 见《第 98 个闪回》。——译者注

第 43 个闪回 第二次婚姻

伊尔莎·爱因斯坦（1921 年）

艾尔莎的大女儿伊尔莎（Ilse）21 岁了[①]。那时，爱因斯坦请她担任自己当所长的物理研究所的秘书。伊尔莎举止优雅，是个理想主义者，她在政治上很活跃，立场非常左翼。在童年的一次事故中，她失去了一只眼珠，但这并没有削减她的魅力，人们觉得这是一种迷人的缺陷，反而增加了她的感召力。

她爱上了比她年长 20 岁的格奥尔格·尼古拉（Georg Nicolai），对方是一位生理学家，也是她家的世交。尼古拉受过很好的教育，是一个和平主

---

① 伊尔莎生于 1897 年。——译者注

义者，曾在俄国和法国生活，但这个人颇为自负，并以胆大闻名。有一个著名的例子：在担任军医的那段时间里，他曾在接受军事法庭审判的当口，从德国空军那里成功偷走一架双翼飞机，飞往丹麦。与他那种自视甚高的态度联系在一起的是他旺盛的欲望。在一次去俄国的旅途中，他在笔记本上列出了与自己发生过关系的女人的长名单。

1918 年 5 月，伊尔莎给尼古拉写了一封冗长的信。在信中，她还加了一句说明："请阅后即焚！"

> 昨天，A. 是想娶妈妈还是我，突然成了问题。一开始，这个问题只是半开玩笑提出的，几分钟后，它突然成了严肃的问题……阿尔伯特本人拒绝做决定，他准备娶我或妈妈。我知道 A. 非常爱我，也许比其他任何男人都爱，他昨天也是亲口这样说的。他甚至可能更希望我做他的妻子，因为我年轻，可以和他生孩子，而妈妈在这方面不行了；但他太爱妈妈了，觉得这不合适，也从来不提。你知道我和 A. 的关系，我非常爱他，我最尊重的人就是他。如果两种不同类型的人之间会产生真正的友谊和志同道合，那肯定如同我对 A. 的感觉。我从来不希望，也丝毫没有想和他发生身体接触的冲动。而他则不然——至少最近如此……在这个古怪，当然也更滑稽的问题里，第三个要提到的人是我的母亲。到目前为止——因为她还没有确信我是认真的——她仍然让我从心行事。如果她发现我只有和 A. 在一起才能得到真正的幸福，那么她肯定会因为爱我而选择退出。但这对她来说肯定也是非常困难的……你也许会觉得奇怪，我，一个 21 岁的傻丫头，居然要为这么重要的事情做决断。我自己也很难相信，要让我选的话，我同样会很不开心。帮帮我吧！ [165]

1919 年 2 月，爱因斯坦和玛利奇正式离婚。6 月，他和艾尔莎结婚了。

第44个闪回　犹太感情

自从来到柏林，爱因斯坦开始逐渐接受，甚至愿意让自己归属于一个民族。在很大程度上，他想重塑传统，是因为他在柏林见识了许多想融入德国文化的犹太人。如爱因斯坦所说，德国的大多数犹太人更喜欢"通过放弃几乎所有犹太传统来应对反犹主义"[166]。他觉得，这种想融入社会的企图——他称之为"畏首畏尾"[167]——是卑微而又愚蠢的，而且喜欢当面这样说。

同化，在西欧比东欧更常见，爱因斯坦尤其不喜欢德国的同化模式，许多被同化的犹太人认为自己比大部分来自俄国或波兰等国家的那些尚未被"同化"的同族人更优雅，所以更有优越感。"直到我35岁来到柏林，我才明白犹太人是命运共同体，我觉得自己有责任尽力反对犹太同胞们这种不得体的行为。"[168]

爱因斯坦没有重新寻回自己的宗教信仰。他认为，犹太主义不是一个宗教问题。借用他曾用过的一个比喻来说，就算蜗牛是一种带壳的生物，也不能用壳来定义蜗牛；即使蜗牛蜕去了壳，它仍然是一只蜗牛。他写道，犹太主义是一个"传统的共同体"[169]。用他的话说，他与其他犹太人的团结是出于"部落同伴"式的感情，和宗教没有关系。

1919年初，爱因斯坦转向犹太复国主义，以此拥抱他的"部落"。在犹太复国主义领袖库尔特·布卢门费尔德（Kurt Blumenfeld）的游说下，爱因斯坦克服了对该运动中固有的民族主义色彩（即建立一个犹太国家）出于本能的反对态度，开始相信，在巴勒斯坦地区建立一个犹太人的家园，将为他们自己提供一种前所未知的原生的安全和自由。

在布卢门费尔德的某次演讲结束后，爱因斯坦和他一起步行回家，爱因斯坦表示："我反对民族主义，但支持犹太复国主义的目标。今天，我明白了个中缘由。如果某人有两条手臂，却总是说'我还有右臂'，那么他就是沙文主义者；如果某人失去了右臂，那么他必然得想尽一切办法找东西替代它。"[170]

一旦爱因斯坦表示支持，那他就不会反悔。尽管他没有正式加入过任何犹太复国主义组织，但经常对这类目标予以支持，尤其是在巴勒斯坦地区建立一所犹太大学。爱因斯坦认为，一个犹太家园将"为所有犹太人提供一个文化中心，为最受压迫的人们提供一个避难所，为最优秀的犹太人才提供一个实现梦想的地方，这是一个统一的理想，是为全世界犹太人提供实现精神兴旺的一条途径"[171]。

就在爱因斯坦专注于重新认知犹太主义，并尽所能地帮助犹太人时，德国的反犹主义也变得越来越公开化。第一次世界大战以来，为了回应盟军强加于德国的巨额赔款，右翼媒体一直在传播一种"自我麻痹"的说法：战败的根源在于国内的背叛。这种说法阴险且荒诞：军队的力量被国内的和平主义、国际主义和反战情绪削弱，市民及他们的领袖在战争的关键阶段拒绝支持军队。这种说法很快就变得更加简单：德国的耻辱几乎全是本国的犹太人造成的。

这本身就足以刺激爱因斯坦去拥抱并捍卫他的"犹太情感"了。1920年夏天，他第一次以个人身份展开辩论，公开反对反犹主义。8月24日，右翼民族主义组织德国科学家保卫纯粹科学工作组（the Working Party of German Scientists for the Preservation of a Pure Science）在柏林爱乐乐团音乐厅举行了一次集会，攻击相对论的合理性及其发现者的人格。会上首先发言的是工程师保罗·魏兰（Paul Weyland），他曾写过几篇带有政治色彩的文章以诋毁相对论。他抓住了公众和一些科学家担心相对论的基础是抽象而非实验性的心态，而且他认为，这个理论的"犹太本质"威胁到很多"传统"科学。魏兰在集会上宣称，相对论是站不住脚的，是宣传的骗局，最重要的是，它是剽窃的产物。接下来发言的是实验物理学家恩斯特·格尔克（Ernst Gehrcke），他用了更科学化的语言，却说了和魏兰一样的话。

在他演讲到一半时，整个大厅一片骚动，听众喊道："爱因斯坦，爱因斯坦，爱因斯坦……"阿尔伯特·爱因斯坦正坐在一个所有人都能看到的包厢里。他在那里看着这场闹剧，并进行了公开嘲弄。虽然诋毁他的人以及那些无耻的偏见确实激怒了他（几天后，爱因斯坦写了一篇文章予以反击，用驳斥他们论点的方式回应了这次会议），但当时在会场的他只是平静地笑笑。爱因斯坦和他的朋友瓦尔特·能斯特（Walther Nerst）一起，用一阵响亮的笑声和鼓掌打断了整个过程。等集会结束后，他表示这次大会"非常好笑"[172]。

第45个闪回　1919年日全食

当月亮从太阳前面经过，遮住太阳，就会发生日全食。那短短的几分钟是反常的，巧妙地提示着关于真实宇宙的另一面。我们能够看到日全食，是出于宇宙的偶然。太阳直径大约是月球直径的 400 倍，而日地距离也恰好大约是地月距离的 400 倍。因此，在我们看来，这两个天体在天空中的大小正好一样。当日全食发生时，月亮如黑色圆盘完美地遮挡住太阳，只露出太阳外层大气那珍珠般的柔光，这就是日冕。此时，星星在天空中会显得更亮。

1919 年 5 月 29 日，在赤道附近非洲西海岸外几内亚湾的普林西比小岛上，有一位举止得体、待人热情的英国人正在拍摄这一时刻。当时，他几乎没时间抬头欣赏一眼天文奇观，只想把几个月前从英国带来的超大底片装入天体照相机里。他没有在意蚊子，也不管早先暴风雨带来的潮湿空气。他要在非常短的时间内拍摄很多照片。

第一次世界大战期间，亚瑟·斯坦利·爱丁顿（Arthur Stanley Eddington）35 岁左右。作为剑桥大学天文台台长，爱丁顿很快就成为英国有史以来最优秀的天文学家之一。作为一名虔诚的贵格会教徒，他明确表示信仰使自己无法参加欧洲正在进行的战争。1917 年，剑桥大学的同事们意识到，爱丁顿很可能会因为他的信仰而被关进军事监狱，于是他们设法以他的工作对战争而言是必要的为由，为他争取豁免权。英国内政部给爱丁顿寄了一份申请表，他在上面签了字。然而，出于对信仰的坚持，他觉得有必要附上一句话，声明自己如果不是因为这些原因而推迟入伍，甚至会以"视战争为罪恶"为由，拒绝服兵役。内政部不知道该如何处置，只能收回了这份表格。

最后，英国皇家天文学家弗兰克·戴森爵士（Sir Frank Dyson）介入，成功恢复了爱丁顿的豁免权。但这是有条件的，爱丁顿必须承担一项重要的科学任务。戴森举荐他当探险队的队长。爱丁顿一直是广义相对论的热烈支持者，这也使他在英国成了一个彻头彻尾的异类。在英国，德国科学家的研究成果的命运通常是被忽视、被审查、被嘲笑。爱丁顿不遵从那个时代的精神，他相信科学没有国界，通往和平的道路是国际主义。戴森告诉他，证明这个奇怪的德国理论是否正确的最佳时机即将来临。

广义相对论预言，大质量物体似乎会使光弯曲，因为光在恒星附近的最短路径会随着时空弯曲。在地球上，探测这种光线偏转的最佳机会是日食发生的时候，而 1919 年恰好就会发生一次。当发生日食时，毕星团将位于太阳后面，星团里的每一颗恒星所发出的光都会射向地球，而光线在到达地球之前会沿着太阳弯曲。因此，这些恒星在空中的位置看起来会有些偏移。或许，戴森并没有完全理解相对论，但他和爱丁顿一样意识到，对一位英国天文学家而言，证明一位在德国首都工作的科学家提出的概念，将是一件了不起的事。

事实上，日食是很常见的，每隔一两年就会在地球表面的某个地方发生一次。但日食似乎很罕见，甚至可以称得上是奇迹的原因在于，每次月亮的阴影只会出现在地球上的一小块区域。1919 年的日食的本影将经过巴西和大西洋，最后在非洲的赤道地区消失。爱丁顿在剑桥坐等日食，是没有用的。

战争仍在继续，物资短缺，德国潜艇在海上游弋，而爱丁顿则开始计划自己的远征。为了不受恶劣天气的影响，他们决定分两支团队进行观测。爱丁顿和天才技术人员 E. T. 科廷厄姆（E. T. Cottingham）将前往普林西比岛，天文学家安德鲁·克罗梅林（Andrew Crommelin）和查尔斯·戴维森（Charles Davidson）将前往距离巴西东北海岸约 70 英里 [①] 的索布拉尔市。两支团队将在返回伦敦后再做计算和比较。

物理学家们在靠近摩洛哥的葡萄牙马德拉（Madeira）岛分开。巴西团队继续前进，而爱丁顿和科廷厄姆则带着他们的天体照相机登上陆地。他们必须自己找到从那里到普林西比岛的路，而事实证明，这事情说起来容易做起来难。他们花了将近一个月的时间才找到一艘可以载上他们走完最后一段路程的船。爱丁顿利用这段时间考察了周围的山脉，还参观了马德拉岛的赌场——尽管他在家信中向母亲保证自己不会去赌博。他去赌场只是因为那里的茶特别好。

爱丁顿和科廷厄姆一到普林西比岛，就开始着手建造临时居所、驱赶野猴和蚊子。某天晚上，一位种植园主邀请两人共进晚餐，席间的餐桌上有满满一碗糖。他们大为震撼：由于战争期间德国的封锁，他们已经有近 5 年没有见过糖了。

在到岛上三周后，爱丁顿、科廷厄姆和一些当地的搬运工用骡子把设备运到了远离中央山脉和不太容易出现风暴的高原上。爱丁顿知道日食将在下午 2 点 13 分 5 秒发生。科廷厄姆在完成检查和准备后，也开始了工作。那天的天空一直没有完全放晴。在拍摄到的 16 张照片里，最终只有两张可以使用，这两张照片上都有 5 颗模糊的星星。

---

① 约 113 千米。——译者注

　　索布拉尔团队的情况也好不到哪儿去。在那里，热带雨林上空的浓密云层已经在前一天晚上消散，拍摄的麻烦恰恰是阳光太强而非太弱。星象镜在高温下膨胀，导致焦点发生变化，影响了图像的清晰度。不过，克罗梅林和戴维森还带了一架可以勉强充数的望远镜，在整个观测过程中，最好的照片是用它拍摄的。

　　这两支团队想得到恒星位置的最小偏差。爱因斯坦曾预言星光的偏转为 1.7 弧秒，即略小于 1/2000 度，这是一个很小的数值。对于在地球上用肉眼观察夜空的人来说，恒星看起来只偏离了它们本来的位置不到一根头发粗细的距离。

　　正是基于如此微小的变化，就可以判断爱因斯坦的理论，以及他对宇宙本质的新理解是否正确。

第 46 个闪回　成名

《柏林画报》封面照片（1919 年 12 月 14 日）

　　1933 年的圣诞节，在剑桥大学三一学院的大学教师联谊活动室里，有 5 个男人按圣诞节的传统，正围坐在古老的壁炉旁，抽着长长的黏土烟斗。他们分别是核物理学之父欧内斯特·卢瑟福（Ernest Rutherford）、天文学家和著名的科普作家亚瑟·斯坦利·爱丁顿、已退休的埃及政府首席司法顾问莫里斯·阿莫斯（Maurice Amos）、著名的几何学家帕特里克·杜瓦尔（Patrick Du Val），以及 23 岁的物理学家苏布拉马尼扬·钱德拉塞卡（Subrahmanyan Chandrasekhar）——这位年轻人在 50 年后因对恒星演化的研究而获得诺贝尔奖。

这几个人一直谈到午夜过后。阿莫斯转向卢瑟福。

"我不明白为什么爱因斯坦得到的大众赞誉比你还多。"他说道,"毕竟,你发明的原子核的模型,如今已是所有物理科学的基础,它的应用甚至比牛顿的万有引力定律还要普遍。而且,就算爱因斯坦的理论是正确的——爱丁顿在场,我也不能否认——但他的预言与牛顿的理论相差不大,我看不出有什么值得大惊小怪的。"[173]

作为回应,卢瑟福看着爱丁顿,半开玩笑地对他说道:"爱因斯坦的名声都是你的功劳。"

爱因斯坦成名的日子很容易确定。1919 年 11 月 7 日的《泰晤士报》头条是:

> 科学界的革命
>
> 新的宇宙理论
>
> 牛顿理论被推翻[174]。

这个标题下的文章报道了前一日下午在位于梅菲尔的伯林顿府①举行的英国皇家学会和英国皇家天文学会联席会议。这两个学会聚到一起,只为了宣布和讨论爱丁顿的考察结果——他们将就相对论的正确性正式表态。

在这座伟大的英国科学机构内,悬挂着一幅艾萨克·牛顿爵士的肖像,他威严地俯视着自己的同行们。电子的发现者、英国皇家学会会长约瑟夫·约翰·汤姆逊主持了会议。英国皇家天文学家弗兰克·戴森公布了发现结果,并总结道:"经过对这些照片底板的仔细研究,我在此宣布,观测

---

① Burlington House,这里是英国皇家学会以及英国皇家天文学会、皇家化学会等多家学会的共同所在地。——译者注

结果毫无疑问地证实了爱因斯坦的预言。"[175]

持保留意见的人开始窃窃私语。波兰物理学家路德维克·西尔伯斯坦（Ludwik Silberstein）在 1914 年曾撰写过一本重要的相对论教科书，他建议谨慎行事。他指着牛顿的画像警告道："为了这位伟人，我们应该非常小心地行事。"[176] 但没有人真正听进去。

汤姆逊在讨论结束时总结道："这是自牛顿时代以来在万有引力理论方面获得的最重要的成果。"[177]

《泰晤士报》的那篇头条文章被劳资纠纷、煤炭价格、战败的德国人等新闻，以及英国乔治五世国王呼吁在几天后的停战日举行两分钟默哀的官方声明所包围。在这些丧气的话题里，宣布一个新的宇宙理论，是一个很不和谐的音符。在三一学院的深夜谈话中，卢瑟福猜想，真正引起公众注意的，可能是一位"敌方"科学家在战争期间做出的天文预测，最终被自己国家的科学家所证实。

《泰晤士报》在第一次提到爱因斯坦时，称他为"著名的物理学家爱因斯坦"[178]。虽然在物理学界，爱因斯坦有一定知名度，但在英国，几乎没人知道他的名字。对于普通大众来说，爱因斯坦初次亮相就一鸣惊人了，关于他都是吸引眼球的内容。但与《纽约时报》相比，英国媒体的报道显然还是轻描淡写了。

这家美国报纸在伦敦没有科学记者，所以，编辑们委托了他们的高尔夫球专家、和蔼可亲的亨利·克劳奇（Henry Crouch），那时他正好在英国。一开始，克劳奇决定不去参加英国皇家科学院的会议。可当他在最后一刻改变主意时，发现自己进不去了。不过，这并不会产生什么影响，他扫了一遍《泰晤士报》的文章，挪用了相关内容，并对其做了大肆渲染，然后就像没事儿人一样地投稿交差了。然而到了晚上，《纽约时报》告诉他，他们觉得这件事情实际上很难理解，所以只打算对会议做一个简报——这对克劳奇来说一定是个打击。克劳奇直面困难，他亲自给爱丁顿打电话，请求对方总结一下自己错过的那场会议。不出所料，克劳奇一个字也听不懂，只得要求爱丁顿提供一个普通读者能看懂的简洁说法。11 月 8 日，克劳奇在答复报社时也不确定自己所写的文字的具体含义是什么：

日食展现引力变化

被认为影响牛顿原理的光线偏转。

划时代的成就

英国科学家称这一发现是人类最伟大的成就之一。[179]

报社编辑部和读者都被这个故事深深吸引。"划时代"这个词看起来已经不是有所保留的表达了，但不知道为什么，编辑们认为克劳奇淡化了这件事，他们要求他再多说一些。第二天，克劳奇又特地给《纽约时报》发了一份电报，这一次的标题更夸张：

光线在空中弯曲

科学家多少都对日食观测结果感到兴奋。

爱因斯坦理论的胜利

星星似乎并不在它们应该在的位置，

也不在曾被计算出来的位置，

但无须为此担心。

爱因斯坦说，当胆大的出版人接受出版此书时，

世界上仅有 12 位智者能懂，

再无旁人能懂。[180]

这种说法是非常不准确的。星星本就在它们应该在的地方。事实上，这才是问题的关键：爱因斯坦正确地预测了它们的位置。克劳奇所说的 12 位智者，也完全是编出来的，他引用的爱因斯坦的话也是编出来的。但相对论的不可思议，正是其魅力的重要组成部分，诚如这位高尔夫球专家所说，它值得用神话来包装。

虽然科学家们可能并不"兴奋"，但许多人肯定对这个理论感到非常困惑，他们在无意中成就了爱因斯坦先知般的天才传说。在伯林顿府宣布结果后，会员们逐渐散去，西尔伯斯坦走到爱丁顿面前。

"你一定是世界上理解广义相对论的三个人之一。"[181] 他说。

爱丁顿表示反对，但西尔伯斯坦并不接受。

"别谦虚了，爱丁顿。"

"正相反，"爱丁顿答道，"我在想，第三个人是谁！"

《纽约时报》制造神话的计划并没有止于"仅有 12 位智者能懂"的噱头。12 月，他们派了一名记者到爱因斯坦位于柏林的家中进行采访。这篇报道提到，爱因斯坦"在很多年前曾看到一个人从附近的屋顶上掉下来，那人幸运地落在了一堆软垃圾上，然后几乎毫发无损地离去"[182]。那人在落地后，好像找了个机会告诉爱因斯坦，他在坠地时并没有感觉到引力的作用，自己仿佛失重了。但是，这个人是不存在的，那堆垃圾也是——这一切都是记者瞎编的。

在德国，媒体对整个事件保持沉默。自当年 11 月中旬以来，德国媒体发表了一些简单而实在的文章，内容也主要来自《纽约时报》的报道，但并没做过多宣传。这并不奇怪，德国在第一次世界大战战败后满目疮痍。

正如爱因斯坦写给海因里希·桑格的信中所说，"在这里（柏林），所有的条件都是不确定的，而且，并非所有的事情都是好的；这里有大规模的腐败和贫困……战败的坏处马上就能体会到，而好处少之又少。冬天来得很早，所有东西都很短缺"。[183] 数以百万计的人几乎没有燃料和食物。难民涌入城市，无家可归者剧增。这里无法保证电、煤气和水的供应。爱因斯坦一家位于顶楼的公寓很大，他们被迫租出了其中的一个房间。

12 月 14 日，也就是爱因斯坦在接受《纽约时报》采访的 12 天后，《柏林画报》才为爱因斯坦奉上了他早已在其他地方迅速获得的声望。画报在封面上刊登了一张爱因斯坦的巨幅肖像照片。他的脸几乎填满了整个空间，胡子很整齐，头发乌黑而不乱。他摆出正在沉思的造型，双手托着脸颊，眼睛低垂，几乎是忧伤地沉浸在思索中。画像下面写着："世界历史上的新伟人：阿尔伯特·爱因斯坦，他的研究意味着我们看待世界的方式发生了一场彻底的革命，他的发现与哥白尼、开普勒和牛顿的成就不相上下。"[184]

爱因斯坦买了一把新小提琴来犒劳自己取得的成功。

第 47 个闪回　美国之行

1921 年 4 月 2 日，爱因斯坦来到了美国。除了艾尔莎，他的随行人员还包括世界犹太复国主义组织的一个代表团，以及该组织的主席哈伊姆・魏茨曼（Chaim Weizmann）。魏茨曼是一位才华横溢、事业有成的生物化学家，后来出任过以色列的第一任总统。正是受魏茨曼之邀，也可以说是在他的坚持下，爱因斯坦才得以成行。代表团希望筹集资金帮助解决巴勒斯坦问题，特别是在耶路撒冷建立一所希伯来大学。爱因斯坦非常清楚，他和代表团的这次行程，是为了充当他们的宣传机器，他会"像一头肥牛一样被领着到处展览"[185]。

鹿特丹号在纽约港停靠后，爱因斯坦和魏茨曼在船上接受了记者们的欢迎。那时天气很冷，爱因斯坦穿着一件厚厚的灰色外套，头戴一顶毡帽，一只手拿着小提琴盒，另一只手拿着烟斗。他和艾尔莎在镜头前摆了半个小时的姿势，然后参加了一场新闻发布会，相较而言，他更喜欢这个。

"您能给我们用一句话概括一下相对论吗？"一位记者问道。

"我一生都在努力把它写进一本书里，"爱因斯坦回答道，"而他却要我只用一句话！"[186]

魏茨曼被问及，在爱因斯坦教授的帮助下，他是否有幸已经理解了相对论。"在跨越大西洋期间，爱因斯坦每天都会向我解释他的理论，"他说，"在我们到这里时，我完全相信他是理解这个理论的。"[187]

拖船在鼓乐声中把代表团接上了岸，然后他们坐了一个小时的车，车队穿过下东区的犹太人社区，在午夜降临前不久才精疲力竭地到达准将酒店。

在这次行程中，爱因斯坦在所有大型活动上都没有说太多话。在一次有8000 人参加的活动上，他只做了这样的讲话："你们的领袖魏茨曼博士已经发过言了，他讲得很好。只要跟随他，你们就会做得很好。我要说的就是这些。"[188] 在市政厅举办的正式欢迎仪式上，爱因斯坦什么也没说。魏茨曼只得到了一点儿礼貌性的掌声，而爱因斯坦则被同伴们抬到肩膀上，他们穿过欢呼的人群，直到把他抬上一辆汽车。

代表团在纽约待了三周后，爱因斯坦和一组代表访问了白宫，他们拜会了沃伦·G. 哈定（Warren G. Harding）总统。总统在与爱因斯坦合影时，被问到他是否理解爱因斯坦教授的理论。总统笑了笑，承认自己一点儿也搞不明白。

美国国家科学院举办了一场欢迎会，在会上，知名学者就他们的兴趣和研究发表长篇演讲。参加讲演的包括古生物学家、研究北美鸟类的专家、致力于海洋学的摩纳哥阿尔伯特亲王——亲王介绍了自己的调查情况和为此专门建造的游艇，此外，还有好几位演讲乏味的钩虫专家。

爱因斯坦微笑着俯身转向旁边的荷兰外交官 ①，平静地对他说："我刚刚得到了一个关于永恒的新理论。"[189]

爱因斯坦的美国之旅还去了芝加哥、普林斯顿和纽黑文。在波士顿的两天里，他参加了 6 场招待会、一次商务人士的早餐，一顿午餐和一场有 500

---

① 根据作者考证，爱因斯坦的说话对象是荷兰外交官 Dr. Hubrecht，而非引用材料里说的比利时人。

——译者注

人参加的犹太晚宴。在哈特福德，爱因斯坦一行由大约 100 辆汽车组成的车队带领着穿过城市，车队由摩托警队、铜管乐队和一辆载着该地区 4 位最著名的拉比 ① 的汽车开道，沿途欢迎的群众约有 1.5 万。街道、商店、房屋和汽车上装饰着美国国旗和犹太旗帜，甚至不知为什么，还有英国国旗。孩子们跑来向爱因斯坦献花。

克利夫兰的大多数犹太企业主宣布，因为爱因斯坦的光临，放假半天。当代表团一行走下火车时，爱因斯坦和魏茨曼受到了数以千计的市民的欢迎，一群穿着制服的犹太退伍军人拦住了热烈的人群。这次的新车队由 200 辆汽车组成，在前面开道的是军乐队，车队蜿蜒穿过城市，把爱因斯坦和魏茨曼送到酒店。途中他们在希伯来学校停留，与那里的教职员工和 2000 名儿童做了 10 分钟的交流。人们爬上爱因斯坦的车，踩在汽车两侧的踏板上，警察把他们拉了下来。之后，他们还参加了一场有 600 人的宴会。

5 月底，爱因斯坦回到纽约，并准备结束美国之行，他给朋友米凯莱·贝索写信说，他对自己能派上用场很满意，但这两个月确实也非常难熬：“对我来说，能坚持下来是一个奇迹。”[190]

---

① rabbi，犹太学者的称谓。——译者注

第48个闪回　玻尔

1920年，尼尔斯·玻尔（Niels Bohr）34岁，他个子高高的，平时很腼腆，给人以一种局促不安但又自得其乐的感觉。当年4月，他从哥本哈根到柏林去参加一系列讲座。利用这个机会，他第一次拜访了爱因斯坦。玻尔到哈伯兰大街5号时，给主人带去了一个篮子，里面装着黄油、奶酪和其他美味的食物。爱因斯坦和艾尔莎都很喜欢，因为战后德国的食物短缺仍然困扰着他们。

1913年，玻尔完善了原子模型，并在这个过程中开启了量子力学研究的新时代。他一直在曼彻斯特与物理学家欧内斯特·卢瑟福一起工作。卢瑟福是一位了不起的实验物理学家，也是一个很好的合作伙伴，他在1911年设想了一种新的原子模型，在这个模型里，电子围绕着居于中心位置的原子核运行。玻尔解决了这个模型的一处错误。卢瑟福假设电子在原子内围绕原子核任意旋转，它们和原子核之间的距离是不确定的，因此他预言电子在沿轨道运动的过程中会损失能量，最终塌缩成原子核。而问题是，这在现实中从来没有发生过。换句话说，卢瑟福的原子模型是不稳定的，但自然界中的原子是非常稳定的。相比之下，玻尔提出的原子模型里的电子只能存在于特定的轨道上——位于特定的"能级"——而不能在其他地方。一个电子只能以一定的离散量获得或失去能量，如果电子获得或失去能量，那么它就会从一个能级"跃迁"到另一个能级。电子只能存在于特定的能级上，所有介于能级和能级之间的位置都是不被允许的。玻尔的模型完美地描述了原子的状况是稳定的。

爱因斯坦称玻尔的工作是"思想领域最高形式的和谐"[191]——事实上，他还有点儿嫉妒，爱因斯坦至少对一位同行坦言，他自己也有过类似的想法，但没敢发表。1916 年，爱因斯坦以玻尔的原子模型为基础，发表了一系列探索亚原子领域的论文，在研究过程中，他有了一个令人不安的发现，这个发现将对什么是实在性产生影响。

如果一个原子被光子（光的粒子）轰击，那么原子会吸收一些光子，然后自己发射光子，这是获得和释放能量的过程。人们一直认为，原子发出的光子会同时向各个方向呈环状发射。爱因斯坦证明了发射的光子有动量，它会向特定的方向发射。但他也发现，光子发射的方向和时间是无法知晓的。人们可以计算出光子在某一时刻沿某一方向运动的概率，但也仅限于此。一切都是偶然的。随机性可能是宇宙固有的特性之一，这一观点威胁到了因果关系的概念，而因果关系是包括广义相对论在内的大多数物理学的基础。不仅如此，它还威胁到宇宙可以被完全理解的观念。

在柏林的那个春天，玻尔和爱因斯坦就概率和因果关系的重要性展开了讨论。爱因斯坦反对世界的基础包含偶然性，而玻尔则坚持认为唯一的正路就是遵循物理学，放弃因果关系。他们谁也没有说服对方改变看法。

两人第二次会面是在 3 年后的哥本哈根。当时，爱因斯坦正从瑞典回去。玻尔到火车站去接他，他们一起坐电车去玻尔的家。在路上，他们开始兴致勃勃地交谈起来，以至于坐过了好多站。当他们终于察觉，换乘上反方向的有轨电车后，却又沉浸在谈话里，于是又坐过了站。他们就这样来来回回地坐了好久的车，才终于到玻尔的家。

玻尔和爱因斯坦间的通信并不频繁，但每当他们收到对方的信或是见面时，就会全神贯注地谈论量子力学的状况和事物真实性的本质。他们之间的分歧持续了很久，所以当爱因斯坦在 1955 年写信给玻尔时，虽然信的内容是请他签署一份倡导原子能时代和平的公开宣言，和物理学并无关系，但他还是在信的开头写道："请不要那样皱眉！"[192]

然而，他们的争辩并没有减少彼此间的那份毫不掩饰的相互尊重和好感。"爱因斯坦真是太可爱了。"[193] 玻尔在晚年写道，"我还想说，在爱因斯坦去世好几年后的当下，我依然能看到他在我面前微笑，这是一种非常特别的微笑，包含了彼此的了解和友善。"

第 49 个闪回　诺贝尔奖

当爱因斯坦被授予诺贝尔奖时，他已经被提名过 62 次，提名他的人里包括 8 位诺贝尔奖得主。人们普遍认为这个奖来得太迟了。

这个奖项迟迟没有颁给爱因斯坦的一个原因，是诺贝尔奖委员会对理论物理学抱有偏见，他们更喜欢可以通过实验验证的科学。有人认为，相对论未经证实，有点儿超越世俗。爱因斯坦碰巧还是个犹太人，这对他更是没什么好处。即使在爱丁顿的日食考察出了结果之后，瑞典科学院仍然坚持不认可相对论。1920 年的诺贝尔物理学奖颁给了瑞士物理学家查尔斯·爱德华·纪尧姆（Charles Édouard Guillaume），以表彰他发现镍钢中的反常现象，而 1921 年的诺贝尔奖根本就没有颁发。没有人获奖也比给爱因斯坦好。

然而，爱因斯坦的名声已经到了不容忽视的程度。1922 年，他被追溯授予 1921 年诺贝尔物理学奖，而当年的奖项则给了尼尔斯·玻尔。即便如此，爱因斯坦的获奖理由也不是提出相对论，而是因为他发现了光电效应定律，它奠定了光在现代概念里是一种粒子。这一发现本身确实值得褒奖，但科学院把它单独列出，而把相对论排除在外，似乎有点儿别扭。

爱因斯坦并没有出席在瑞典举行的颁奖典礼。1922 年 6 月，他的朋友、德国外长瓦尔特·拉特瑙（Walther Rathenau）被一个极端反犹的民族主义组织成员暗杀。警方建议爱因斯坦最好深居简出，甚至离开柏林一段时间，因为他的名字也在纳粹支持者所列的目标名单上。起初，他不觉得需要改变什么，8 月，他更是同意坐着汽车抛头露面，他们开着车参加了市里的一个大规模和平主义集会。但一个月后，爱因斯坦偶然收到了一家日本出版商的邀请，于是他决定对亚洲，包括现在以色列所在地区进行一次大范围访问。瑞典科学院的邀请是在他出发前不久发出的，鉴于柏林当时的气氛，取消亚洲之行似乎并不明智。

在 12 月的颁奖典礼上，诺贝尔奖委员会主席在演讲中明确表示，尽管爱因斯坦最出名的是相对论，但这并不是他此次获奖的原因。他表示，相对论本质上和认识论（关于知识的哲学）有关，它并不是科学。像所有的诺贝尔奖得主一样，爱因斯坦要得到属于他的奖金，就必须做一个诺贝尔演讲。1923 年 7 月，爱因斯坦最终得以在哥德堡向包括瑞典国王在内的 2000 名听众发表演讲，他专门做了《相对论的基本思想和问题》[194] 的报告。

爱因斯坦获得了 12 万瑞典克朗的奖金，但他并没有从中直接获益。在与玛利奇的离婚协议里，他曾提议，倘若他获得诺贝尔奖，奖金将全部给她和儿子们，这样他们就可以靠利息生活了。米列娃用这笔钱在苏黎世购买了三处房产用于租赁。

第 50 个闪回　亚洲之行

爱因斯坦的亚洲之行花了将近 6 个月的时间。他和艾尔莎于 1922 年 10 月初启程，直到 1923 年 3 月才回到德国。在此期间，他写了一本旅行日记，记录了他在那段繁忙的日子里与使者和学者的会面，还有去寺庙、餐馆和山区的情况。在旅途中，他读了精神病学家恩斯特·克雷奇默（Ernst Kretschmer）的新书《体质与性格》。书中断言，某些精神障碍在特定体质类型的人身上更常见。爱因斯坦不加鉴别地就把书中的观点记在了心里，部分原因是，这个观点迎合了他已经形成的一种倾向——根据有限的个人经验做出概括和分类。

在旅行刚刚开始时，他和艾尔莎在某个清晨去了科伦坡（今斯里兰卡首都）的一个印度教区。他在日记中写道：

我们坐的是一辆小人力车，这种双轮小车由体格强壮的老实人拉着走。我为自己也成了如此对待同是人类的卑鄙分子而感到羞愧万分，但我改变不了什么。这些身材魁梧的乞丐成群结队地朝陌生人冲过去，直到对方招架不住。他们知道如何苦苦哀求，直到对方不忍心……尽管他们都很好，但给人的印象则是，气候让他们没有办法思考超过一刻钟……只要你仔细观察过这些人，就很难再欣赏欧洲人，因为他们更虚弱、更野蛮、更粗鲁、更贪婪——不幸的是，实际上这反而是他们的优势，他们有能力担负起重要的任务并将其付诸实现。在这种气候下，我们不也会变得和这些印度人一样吗？[195]

　　他认为日本人"在气质上与意大利人很像，但更优雅，他们仍然完全浸透于自己的艺术传统，精神坦然，充满了幽默感 [196]……真诚地尊重对方而不带丝毫戏谑或怀疑是日本人的特质。"[197] 然而，他又评估说，"这个国家对智力的要求似乎不及对艺术的要求"[198]，并怀疑这是否是"与生俱来"的。

　　在耶路撒冷，他在安息日走到哭墙。在那里，他看到"民族弟兄们把脸转向墙，弯着身子来回摇摆。这些可怜的人，虽然有过去，却没有当下。然后他斜穿过（非常脏的）城市，那里是一种乱哄哄的东方异域风情，住满了完全不同的民族。"[199]

第 51 个闪回　东京手迹

在日本期间，爱因斯坦和艾尔莎在东京住的是崭新的帝国酒店，酒店令人印象深刻，它的设计者是美国建筑大师弗兰克·劳埃德·赖特（Frank Lloyd Wright）。由于酒店太新，所以有一部分还在施工。

爱因斯坦在那里下榻时，有一个快递员去他的房间送东西。他想对快递员表示一点儿感谢。或许是他身上没有零钱，也可能快递员不收小费是当地的习俗，但他不想让那人空手而归，于是用酒店的信笺写了两张小纸条。

他在其中的一张纸条上潦草地写道："相较于对成功的追求所伴随的无尽烦恼，平静而朴实的生活让人更幸福。"[200] 过了一会儿——显然时间很紧而想表达的却不少——他又写道："有志者，事竟成。"[201] 他在纸条上签了名，并开玩笑说，如果运气好的话，它们可能会值点儿钱。

2017 年，在耶路撒冷的一次拍卖会上，这两张字条分别以 156 万美元和 24 万美元的价格成交。

第 52 个闪回　爱因斯坦塔

位于德国波茨坦的爱因斯坦塔

　　爱因斯坦塔是坐落在波茨坦郊区的一个太阳天文台。它的建成离不开爱因斯坦的积极支持，找到证据来证明或反驳广义相对论是它的首要目的。

　　这座建筑于 1919 年开工，到 1924 年竣工，是一项奇迹。它由埃里希·门德尔松（Erich Mendelsohn）设计，是表现主义建筑最重要的代表。整座塔看起来有点儿像一艘风格化的火箭飞船，正在起伏的云层里向地面喷着烟雾，冲天而去。天文台的望远镜被装在一个曲线型的光滑米色塔楼上，塔上的窗户的角度也很独特。来自宇宙的光可以从天文台传送到位于下部的狭长实验室。

在塔的建设过程中，曾遇到许多技术难题，部分原因在于它的结构是钢筋混凝土，这和天体物理天文台园区里的其他建筑不同，它们都是红黄砖结构的。这种新型的风格是特意设计的，为的是反映爱因斯坦所揭示的宇宙是威严神秘的。因此，免不了有些人不喜欢它。某位评论者说它是"纽约摩天大楼和埃及金字塔的混搭"[202]。这并不是一句好话。

门德尔松带着爱因斯坦参观了他的成果。两人在大楼里溜达了一会儿，门德尔松紧张地期待着这位大教授的认可，而爱因斯坦什么也没说。在几个小时后的建筑委员会会议上，爱因斯坦站起身来在这位年轻建筑师的耳边低声说出了他对建筑的看法。他只用了一个词："活物"（organic）[203]。

第53个闪回　1925年平常的一天

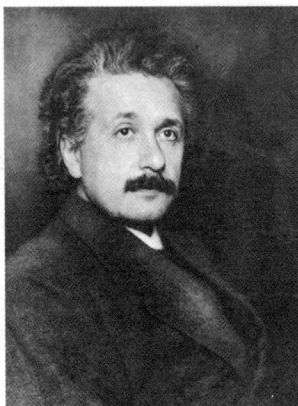

爱因斯坦（1925年）

步行去办公室（1925年）[204]

一个漫长的上午。爱因斯坦愉快地吃过早餐后，便开始了工作。11点，学生埃丝特·波利亚诺夫斯基（Esther Polianowski）来到他的公寓。几年前，爱因斯坦曾支持她申请哈佛大学。最近，这位女学生对继续留在德国心存疑虑，所以爱因斯坦请她过来聊聊。

埃丝特在书房里坐着，目光从华丽的大黑木书柜，移到巨大的望远镜，最后落在角落里的地球仪上。他们刚刚寒暄过几句，艾尔莎就打断了他们，说楼下有两个正统派犹太人想见她的丈夫。他的回复自然是请他们进来。

"祝您平安。"他们用希伯来语相互打招呼道。因为爱因斯坦和艾尔莎都不懂希伯来语，所以波利亚诺夫斯基负责翻译。那两位犹太客人正在访问柏林，希望有幸能与这位伟大的犹太科学家握手。他们说，见到伟人可以延年益寿。他们又补充说："看到国王是一种祝福。"不过波利亚诺夫斯基觉得应该略去这句话的翻译。

握完想握的手，说完想说的话，他们便离开了。

过了一会儿。艾尔莎开口道："这样虽好，但我们从来没有安宁过。"

爱因斯坦突然想知道今天是什么日子。"我忘了科学院有个会议。你今天上午 ① 还去大学吗？"他问波利亚诺夫斯基。"好的，那我们一起去。我们的时间还很宽裕。"

当爱因斯坦穿戴上破旧的大衣和帽子时，他无意中听到艾尔莎告诫波利亚诺夫斯基不要让他走路，"这不利于他的健康"。

走出哈伯兰大街 5 号，爱因斯坦对着明媚的阳光微笑道："多么美好的上午啊！我们不要坐地铁了。散步对我没有坏处。你近来如何？"

爱因斯坦已经迈开步，波利亚诺夫斯基别无选择，只能跟着老师一起走。"谢谢，情况并不太好。你给的那个问题我毫无进展。我永远都当不了理论物理学家，我永远也不会有创造力。"

爱因斯坦走路时避开了灰色人行道上的那些小水坑，因为他的鞋底有洞。

"你在很短的时间里就学到了很多东西。"他对学生说，"要是我，就不会送自己的女儿去学物理学。我很高兴我现在的妻子不懂科学，而我的第一任妻子懂。"

---

① 此处时间逻辑不对，但经与作者确认，引文确实如此。——译者注

"居里夫人就很有创造力。"

"我们和居里一家曾一起度过假,"他回答说,"居里夫人从来没听过鸟儿唱歌!"

这对师生穿过蒂尔加滕公园,这是一个位于市中心的树木繁茂的大型公园,里面有风化了的白色雕塑和废墟,还有一些古迹。爱因斯坦遗憾地承认自己的研究也没有任何进展。

"相对论已经是过去的事了,我现在所做的尝试并没有成功。"

他的声音很平静。波利亚诺夫斯基觉得他的声音总是很平静,听起来仿佛是从很远的地方传来的。

"我很少与其他科学家交流思想,"他解释道,"和人们的接触也不多。几乎没有什么东西来自外界,它们都是内生的。"

离开公园,他们从勃兰登堡门下走过,穿过熙熙攘攘的巴黎广场,来到菩提树大街。

"我想去法国把法语学好,这样就能读法国文学了。"波利亚诺夫斯基开口道,"我想在新环境中找到自我。"

"我从来不找寻自我。"当他们走近高高的大学外墙时,他回答道,"我喜欢巴黎,但我不想去那里,也不想去别的地方。我不想学一门新的语言,也不喜欢新的食物和服饰。我不怎么和人打交道,也不是个顾家的男人。我想要属于我的平静。我想知道上帝是如何创造这个世界的。我对各种现象都不感兴趣,对各种元素的光谱也不感兴趣。我想知道上帝是怎么思考的,其他的都只能算是一些细节。"

第54个闪回　儿子汉斯

汉斯·阿尔伯特·爱因斯坦（1937年）

汉斯·阿尔伯特和他父亲之间并非没有感情和爱。爱因斯坦曾在给他的信中写道："你有一个爱你胜过一切的父亲，他一直惦记你，关心你。"[205] 然而，在很大程度上，这是一种充满了艰难的爱。父子俩都为对方感到骄傲，但他们之间争论、批判、怄气的次数与他们分享想法和欢笑的次数差不多。

1925年，当汉斯·阿尔伯特宣布自己即将结婚时，父子间关系的紧张程度达到了顶点。在苏黎世联邦理工学院学习期间，汉斯爱上了弗里达·克内希特（Frieda Knecht）。她比他大9岁，性格尖酸刻薄，但非常聪明，身高不到5英尺①，而且相貌平平。简而言之，弗里达很像汉斯·阿尔伯特的母亲。

---

① 约1.52米。——译者注

那时，玛利奇和爱因斯坦已经离婚 6 年了，虽然他们彼此的敌意基本消除，但对抗情绪已经在关系里生根，无法铲除。不过，在反对汉斯·阿尔伯特娶这位女朋友这件事上，他们是一致的，目标也一样。在他们眼里，弗里达是一个狡猾的老女人。

爱因斯坦还特别担心她的身高，认为这是遗传性侏儒症的证据，他还觉得对方的母亲精神不稳定（她实际上患有甲亢）。他担心自己看到的这些缺陷会遗传给孙辈："把这样的孩子带到这个世界上是一种犯罪。"[206] 他对米列娃哀叹道。

爱因斯坦有一个理论，他认为汉斯·阿尔伯特迷恋她是因为他很内向，而且对女人没什么经验："她是第一个抓住你的人，眼下，你把她看作女性魅力的化身。"[207] 他认为，儿子需要通过另一个女人来摆脱不受欢迎的弗里达。有一次，他甚至选了一位或许能胜任这项任务的 "40 多岁的漂亮女人"[208]。然而，这个想法落空了，但爱因斯坦和玛利奇的反对态度并未减弱。他们公开表达自己的观点，认为这桩疯狂的婚姻将是一场灾难。

"你是否觉得有必要和她分开，而不是让自负使你我疏远？"[209] 爱因斯坦在给儿子的信中写道，"日子越来越近了。"他说，自己希望保护汉斯·阿尔伯特，不让他重蹈自己曾经历过并毁了儿子童年的覆辙。

但是，父母越反对这桩婚事，汉斯·阿尔伯特越坚持己见。1927 年 5 月 7 日，他与弗里达结婚。在仪式开始前，爱因斯坦还在建议儿子，倘若能取消这件事会更好。这样一来，当不可避免的分居发生时，就可以避免离婚的麻烦。出于同样的原因，爱因斯坦还建议儿子不要生孩子——如果没有孩子，那分手会更容易一些。

1930 年，当爱因斯坦的第一个孙子伯恩哈德·凯撒·爱因斯坦（Bernhard Caesar Einstein）出生时，他仍然持保留态度。他告诉汉斯·阿尔伯特："我无法理解，我觉得你不是我的儿子。"[210]

不过，爱因斯坦最终接受并承认，汉斯·阿尔伯特的婚姻是美满的，这段婚姻让儿子得到了幸福。弗里达和汉斯·阿尔伯特结婚 31 年，直到弗里达去世；而伯恩哈德也是一个健康的孩子。事实上，他很快就成了祖父的宠儿，并继承了爱因斯坦的小提琴。

第55个闪回　和孩子们

爱因斯坦与古斯塔夫·施特鲁韦和乔治亚·乔贝问候孩子们（1932年）

多年来，爱因斯坦收到过许多孩子的来信。"我是一个6岁的小女孩。"信纸上的字是歪歪扭扭的大写字母，"我在报纸上看到了您的照片。我觉得您应该去理个发，这样看起来会更好。"小女孩在写完建议后，很有礼貌地署名："真诚地感谢您，安。"[211]

"我有一个问题，"来自美国弗吉尼亚州福尔斯彻奇的安娜·路易斯写道，"我想知道鸟儿羽毛上的颜色是怎么来的。"[212] 亲爱的爱因斯坦先生被问及地球的年龄，以及生命是否可以在没有太阳的情况下存在（他回答说几乎不可能）。有一个孩子还问他，是否所有的天才都注定会发疯。来自美国宾夕法尼亚州布里斯托的弗兰克问道，天空之外是什么？"我妈妈说您可以告诉我。"[213]

来自美国北卡罗来纳州阿什伯勒的肯尼斯提了一个更有哲理的问题："我们想知道，如果一棵周围没有人的树倒下后，会发出声响吗？为什么？"[214]同样，来自美国马萨诸塞州切尔西的彼得也问出直逼人心的问题："如果您能告诉我时间是什么，灵魂是什么，天堂是什么，我将非常感激。"[215]

有些问题就比较平常。一个名叫约翰的男孩告诉爱因斯坦："我父亲和我要造一枚火箭去火星或金星。我们希望您也能去。我们这样想，是因为我们需要一位优秀的科学家，他能很好地操控火箭。"[216]

偶尔也会有一些持怀疑态度的来信，比如来自加拿大不列颠哥伦比亚省特雷尔初中的 12 岁学生琼。"亲爱的爱因斯坦先生，"她写道，"我写信给您，是想知道您是否真的存在。您可能会觉得这样的想法很奇怪，但我们班的一些学生认为您是漫画人物。"[217]

同样，来自南非的默万威以为爱因斯坦已经死了：

我本可能很久以前就写信给您了，只是我不知道您还活着。我对历史不感兴趣，我还以为您生活在 18 世纪或那个时代前后。我一定是把您和艾萨克·牛顿爵士之类的人搞混了。不管怎样，有一天我在数学课上听到女老师……正在谈论最杰出的科学家。她提到您在美国，当我问她，您为啥葬在那里而不是英国时，她说，嗯，您还没死。当听到这个消息时，我兴奋极了，以至于数学课后差点被罚留堂！[218]

默万威接着告诉爱因斯坦，她热爱科学，以及她和朋友帕特·威尔逊是怎样在晚上偷偷摸摸地到学校周围进行天文观测的。"太空怎么可能无边无际呢？"她想，并且在信的最后写道，"我很遗憾您已成为美国公民，我更希望您能待在英国。"爱因斯坦显然被默万威的热情所吸引，于是给她回了一封信，称赞了她在晚上的冒险，并为自己还活着而道歉。（"不过，这是有补救的措施的。"[219]）

在爱因斯坦 76 岁生日那天，美国伊利诺伊州法明代尔小学五年级的孩子们送给他一对袖扣和一条领带。"你们的礼物很棒，能令我更显优雅。"他给他们回信道，"打领带和戴袖扣对我来说已是遥远的记忆。"[220]

这是爱因斯坦最后的几封信之一。大约在写完这封信的三周后，他便去世了。

第 56 个闪回　薛定谔和波

1925 年 12 月，年轻的奥地利物理学家埃尔温·薛定谔（Erwin Schrödinger）和他的某位情人躲在瑞士的阿罗萨村。他来这里是出于健康原因：医生怀疑他患有轻度肺结核，要求他在高海拔地区休养。村庄在宁静的群山里，被厚厚的积雪覆盖，他若想安静片刻，便会在两只耳朵里各塞上一颗珍珠，在那里，他发展了一种理论，后来人们称其为"波动力学"。

1924 年，物理学家路易·德布罗意（Louis de Broglie）在他的博士论文中阐述了如何根据粒子的动量计算其波长，薛定谔的理论就是受了这篇论文启发。1905 年，爱因斯坦证明了波可以像粒子一样运动。德布罗意则认为粒子可以像波一样运动。

波动力学提供了一组方程，用于描述像波一样运动的粒子。在刚接触这个理论时，爱因斯坦和其他许多人都很高兴，他们对方程的实用性印象深刻，但很快人们就注意到，薛定谔力学所蕴含的某些结果有点儿问题。首先，该理论指出，只要时间足够久，它所描述的波便会在一个非常大的区域内传播，就像湖面上的涟漪，向外扩散延伸，最终到达岸边。然而，薛定谔的波也理所当然的是粒子——它们是电子和其他亚原子物质。爱因斯坦认为让电子运动这么远的距离几乎是荒谬的，它根本不符合现实情况。

所以薛定谔对波的数学描述存在一个问题。如果它不是字面意义上的波、现实世界里的波，那么它代表什么？爱因斯坦的好朋友、哥廷根大学教授马克斯·玻恩（Max Born）给出了一个答案：它代表的是粒子所在位置的概率。也就是说，每个粒子都有所谓的"波函数"，人们可以用它来预测在特定位置找到特定粒子的可能性。

根据这个观点，倘若把一个电子放在盒子里，那么电子有可能出现在整个盒子里的许多位置，它存在于所有这些可能的位置，杂乱地成为某种混合体。这种混合体在数学上是用电子的波函数表示的，它给出了在盒子里的不同位置探测到电子的概率。

在爱因斯坦的整个职业生涯里，一直对量子力学需要依赖概率感到不满。事实上，他一点儿也不喜欢。他坚信，尽管有证据表明依赖概率是合理的，但就深层而言，宇宙的运行并不基于概率，它的秩序是建立在亚原子领域的秩序之上的。

在与该理论的各种支持者辩论时，爱因斯坦经常对他们说："上帝不掷骰子。"[221] 对此，尼尔斯·玻尔反驳道："我们不可能告诉上帝，他该如何掌控世界。"[222] 换一种说法就是："爱因斯坦，别再告诉上帝该怎么做了。"

第 57 个闪回　海森堡

1925 年夏天，23 岁的维尔纳·海森堡（Werner Heisenberg）去了北海的小岛赫里戈兰，希望那里的海滩和陡峭的悬崖能缓解他严重的花粉过敏。在那里经过某个夜晚的紧张工作，他最终解释了量子领域的一些难点。海森堡的研究有一个前提，那就是完全忽略那些不能被观察、被测量或被证明为真的东西。这听起来很合理，但这种情况就意味着，为了深入研究电子运动所遵循的定律理论，他没有试图描述，甚至没有真正地思考过电子的运动和轨道，因为它们无法被观察。相反，他观察了不同环境下电子发出的光。如果用光轰击或以其他方式干扰一个原子，那么电子就会产生光。海森堡只关注输入和输出的东西，而不关心中间发生了什么。结果，他完成了一篇在数学上非常复杂的论文，连他自己都无法完全理解。他把论文交给了导师马克斯·玻恩，希望老师能帮他解决这个问题，然后就去露营了。玻恩成功解决了问题，并发表了论文。

爱因斯坦不喜欢海森堡的方法，就像他不喜欢薛定谔的波动力学一样。他把它称为"一个大量子蛋"[223]，并直截了当地告诉一位朋友，他不相信。在爱因斯坦看来，问题在于海森堡忽略了真正理解正在发生的事情的必要性。有了数学方法，不需要"知道"电子在输入和输出之间发生了什么——它们可能经历了任何事情，这不会影响海森堡的理论。对爱因斯坦来说，这样不足以描述现实情况。

1926 年，海森堡来到柏林做演讲。爱因斯坦邀请他去家中做客，那时，他已经和这位激进的年轻人有过几次书信往来。和料想的一样，他们很快就开始争论了起来。海森堡认为，他能够说服东道主接受他的思维方式，因为这正是爱因斯坦曾经的思维方式。在相对论中，爱因斯坦抛弃了看似合乎逻辑但不可观察的那些关键性概念——如以太和牛顿的绝对时空观，并提出了一个全面领先的理论。海森堡觉得他也在做同样的事情。

"我们无法观察到原子内部的电子轨道。一个好的理论必须建立在可直接观测的量的基础上"[224]，海森堡坚持道。

"但是你不会真的相信，只有可观测的量可以纳入物理理论吧？"

"这不正是你对相对论的态度吗？"

"我或许确实用过这种推理，但事情并非都是如此。"

爱因斯坦至少在反对自己固有的信念方面是始终如一的。他对他的朋友菲利普·弗兰克（Philipp Frank）也发出过类似的抱怨。

"在物理学领域出现了一种新风尚，"他嘟囔道，"这种风尚宣称某些事物不能被观察到，因此不应被归为实在。"[225]

"但是你所说的新风尚，正是你在 1905 年发明的！"弗兰克笑了，带着难以置信的表情提醒他道。

"一个好的笑话不应该重复得太频繁。"

第 58 个闪回　淡泊名利

哈里·凯斯莱尔伯爵（Count Harry Kessler）是一位颇受欢迎的现代艺术赞助人。1926 年 2 月 15 日，他在柏林的家中举办了一场晚宴，爱因斯坦和艾尔莎也出席了那次活动。

凯斯莱尔在日记中写道："爱因斯坦穿着带花边的靴子和晚礼服，尽管他有点儿谦虚过头，但很高贵。他有些发福，不过眼睛仍然闪烁着孩子般的光芒，并透着一股顽皮气。"[226]

宾客中还有法国外交官、报纸编辑、剧作家和伯爵夫人等。除了卢森堡红十字会创始人阿琳·梅里什·德·圣 – 于贝尔（Aline Mayrisch de Saint-Hubert）和回忆录作家海伦妮·冯·诺斯蒂茨（Helene von Nostitz）——她曾为奥古斯特·罗丹（Auguste Rodin）和赖纳·马利亚·里尔克（Rainer Maria Rilke）的作品提供过灵感，还有海因里希·赫兹的侄子古斯塔夫·赫兹（Gustav Hertz），海因里希是一位颇有影响力的物理学家，爱因斯坦在大学期间曾研究过他的成果。

"你叔叔写了一部伟大的作品，"爱因斯坦在餐桌上向古斯塔夫·赫兹肯定道，"尽管书里的一切都是错的，但它仍然很伟大。"

艾尔莎在和凯斯莱尔交谈时告诉他："在我无数次劝说后，爱因斯坦最近终于去了外交部，取回了英国皇家学会和英国皇家天文学会颁发给他的两枚金质奖章。"艾尔莎还说自己后来看到丈夫，问他奖牌是什么样子的，他却不知道，因为他还没把它们拆封。"他对这种琐事不感兴趣。"

艾尔莎还给伯爵讲了另一个爱因斯坦不关心这些事情的例子。美国最近刚刚授予尼尔斯·玻尔巴纳德奖章，该奖项每 5 年颁发一次，颁发的对象是杰出科学家。在报道这一事件时，报纸回顾道，爱因斯坦曾在 1920 年获得过该奖项。当爱因斯坦读到这段时，把那份报纸拿给艾尔莎看，并问道："这是真的吗?"他完全不记得了。

艾尔莎又继续说，爱因斯坦根本不会佩戴他的"功勋勋章"（一种在德国声望卓著的奖项）。她透露，在普鲁士科学院最近的一次会议上，化学家瓦尔特·能斯特提醒爱因斯坦，他没佩戴这枚勋章。

"我想你的妻子忘记提醒你了。你这样穿戴不太合适。"

"她没有忘记。是的，她没有忘，是我自己不想戴。"

第 59 个闪回　关于量子力学的争论

爱因斯坦和尼尔斯·玻尔（1930 年索尔维会议）

尼尔斯·玻尔在 1927 年索尔维会议的开幕演讲中说，事情已经发生了改变。几千年来，物理学一直致力于寻找真理和宇宙中无可争辩的基本实在。这些是它的全部。从根本上说，大自然是不可知的。在亚原子领域，即量子力学的世界，因果性和确定性都消失了。没有绝对的、完整的真理可以去追求。

玻尔对物理学高屋建瓴的总结，是考虑了近来的一些进展的。早在 1927 年，维尔纳·海森堡就提出了不确定性原理，该原理卓有成效地说明了不可能同时了解特定粒子的所有情况。有些量子性质，比如动量和位置、时间和能量，是以某种方式联系在一起的——对其中的一种性质了解得越多，对另一种性质的了解就会变少。例如，对某个粒子的位置信息了解越多，那么对它的动量信息就会知道得越少。倘若确切地知道某个粒子的位置，那么就无法知道它的动量。

爱因斯坦在会议的正式报告会上几乎没说什么话。但在那些大型讨论之外，在吃饭和散步时，他会试图在这个新物理学里寻找漏洞。"人们无法从很多'可能'中得到一个理论。"[227] 沃尔夫冈·泡利（Wolfgang Pauli）记得他曾说过，"从本质上讲，它是错误的，即使它在经验和逻辑上是对的"。

爱因斯坦确信他的批评是富有建设性的，即使这些批评或许被证明也有破坏性。爱因斯坦喜欢向玻尔和他的年轻同事们描述一个思想实验。他会想象，比如说，有某种复杂的装置——即使它在现实中不存在，只在理论上存在——可以确切测量所有关于运动粒子的信息。他的疑问是：它如何与量子理论相适应？

玻尔非常认真地对待爱因斯坦的批评。他会不停地自言自语，也会和同事们讨论，到晚餐时间，他们通常会准备好如何解决爱因斯坦的问题。有时，他会因思考爱因斯坦的反对意见而难以入睡。他们两人的朋友、物理学家保罗·埃伦费斯特（Paul Ehrenfest）非常担心他。埃伦费斯特向他的学生们描述道："每天晚上玻尔会在凌晨一点来到我的房间，对我说'只说一句话'，然后便一直聊到凌晨三点。"[228] 第二天吃早餐时，爱因斯坦会承认自己之前的失败，然后提出又想到的新问题——它通常会比上一个更难。随后，玻尔会悄悄走开，再一次陷入自言自语。

1930 年，在随后的一届索尔维会议上，爱因斯坦准备了一个极其复杂的思想实验。他想象有一个装满光子团的盒子放在一个非常灵敏的天平上。

盒子连着一个非常精确的时钟，它的一侧有一个由时钟控制的小快门。快门会在特定的时刻开启和闭合，以便只释放出一个光子。由于时钟的精确度极高，因此可以知道光子离开盒子的确切时刻。此外，由于盒子放在天平上，它释放光子前后的质量都是已知的，因此可以推断出光子的确切质量。由于 $E = mc^2$，因此当知道了物体的质量，就能知道它的能量。爱因斯坦说，在这个例子里，我们可以知道光子携带的确切能量以及此刻的确切时间——这种情况和测不准原理是严格矛盾的。

玻尔大为震惊。他穿梭于大学俱乐部的人群之间，试图说服那些人，为了物理学，爱因斯坦一定是错的。但他无法回答这个问题。爱因斯坦和玻尔一起离开了俱乐部，有一位与会者回忆道："爱因斯坦看起来很威严，他带着淡淡的坏笑，平静地走着，而玻尔非常沮丧地从他身边快步走过。"[229]

确实，玻尔那天晚上无法入睡。但是，他在隔天早上找到了答案。他意识到，爱因斯坦没有考虑广义相对论。光子通过快门逃逸后，盒子的质量会有略微减少。然后，测量盒子质量的天平会在地球引力场中上升一个最小的刻度。相对论指出，在引力场的不同位置，时间的快慢是不一样的。换句话说，天平的微小变化意味着人们实际上无法确定光子逃逸的时间。

值得称赞的是，爱因斯坦在早餐时，亲自帮玻尔计算出了结果：称量盒子所固有的不确定性与海森堡的不确定性原理所预测的完全吻合。玻尔对这一切都很有礼貌，但他们两人都很清楚，是玻尔赢得了这场争论。

第 60 个闪回　助手杜卡斯

海伦·杜卡斯和爱因斯坦在爱因斯坦的书房里（普林斯顿，1940 年）

　　一位长着一双乌黑的大眼睛、有着一头黑色短发的高个子女人走了进来。她腼腆而谦逊，但行为举止颇为严肃。阿尔伯特·爱因斯坦从床上向她伸出一只手，微笑着介绍自己道："这里躺着的是一具老朽的尸体。"[230] 这是爱因斯坦在 1928 年 4 月对海伦·杜卡斯说的第一句话。

　　爱因斯坦在瑞士的小型度假胜地楚奥茨时，因为提一个大手提箱而生病卧床。多年来，他对自己的身体一直不太注意，所以这么件小事便让他顿时生了一场大病。他被确诊心脏肥大，不得不回柏林卧床 4 个月。由于爱因斯坦无法亲自处理工作和信件，因此艾尔莎决定帮他找一个助手。

杜卡斯在明确她所做的事情不需要懂物理学后，接受了这份工作。有时，有人会请她解释相对论，她会用爱因斯坦专门为她编造的答案："和一个漂亮女孩坐在一起一个小时，就像只过了一分钟；但坐在火炉边一分钟，就仿佛挨了一个小时——这就是相对论。"[231]

尽管杜卡斯说，她从来没有完全克服对爱因斯坦的紧张感，但她很快就被当作了家庭成员。1933 年，杜卡斯随雇主移居美国，在艾尔莎去世后，她成了爱因斯坦的管家。曾有来访者误会她是爱因斯坦的妻子。汉斯·阿尔伯特猜测，杜卡斯与他的父亲有染，但没有证据。在很大程度上，爱因斯坦对自己助手的在意程度和对一张桌子没什么两样——只不过这张桌子是他特别喜欢的。

杜卡斯工作努力，对雇主忠心耿耿，也很会保护雇主，尤其是在对付讨厌的传记作家和狗仔队的时候。她经常跑到门外，把媒体赶走，或者大声提醒爱因斯坦不要理睬那些人。她是一位凶悍的守卫，以至于普林斯顿的居民偶尔会把她称为爱因斯坦的刻耳柏洛斯（Cerberus）——在古希腊神话里，守卫地狱的哈迪斯的三头犬就叫这个名字。

"那位是杜卡斯小姐，我忠实的助手。"爱因斯坦曾对一位朋友这样说道，"没有她的话，就没有人知道我还活着。"[232]

爱因斯坦一家在普林斯顿定居后，杜卡斯可以决定爱因斯坦读谁的信，以及谁才值得他花时间。在爱因斯坦晚年，她甚至会决定是否给他看家信。爱因斯坦的孙女伊夫林（Evelyn）回忆说，她不止一次给祖父写过信，但他从没收到过。杜卡斯觉得爱因斯坦教授太忙，所以她经常亲自阅读并回复这些信件。

在爱因斯坦的遗嘱中，他给这位忠实的助手留下了 2 万美元，和他留给继女玛戈特（Margot）的一样多。他给了爱德华 1.5 万美元，给汉斯·阿尔伯特的只有杜卡斯的一半。杜卡斯还是爱因斯坦全部文字遗产的联合管理人，这意味着她和爱因斯坦的密友奥托·纳坦（Otto Nathan）共同拥有爱因斯坦写过的每一个字，甚至包括他给儿子们的信。她利用这个地位控制了爱因斯坦呈现在世人面前的形象，并且会压制任何把爱因斯坦描述得不那么神秘或圣贤的言论。在爱因斯坦死后的近 30 年里，杜卡斯尽力阻止公开所有关于爱因斯坦的负面信息，她甚至会监督传记作者的写作，不允许他们接触材料。

凡是谈及爱因斯坦第一个家庭的事情，本质上都构成他品行上的污点。杜卡斯非常不喜欢米列娃·玛利奇，甚至在玛利奇去世后，这种敌意仍未消退。当汉斯·阿尔伯特的妻子弗里达希望出版她写的爱因斯坦传记，以期通过玛利奇和她两个儿子的信件来展现自己公公作为普通人的一面时，杜卡斯把她告上了法庭，以确保那本书永远不会面世。

第 61 个闪回　政府的礼物

1929 年 3 月，正值爱因斯坦 50 岁生日，柏林市政府决定送他一所乡间别墅作为礼物。政府最近买下了纽克拉多庄园，那里曾经是奥托·冯·俾斯麦（Otto von Bismarck）母亲的家，他们希望让爱因斯坦能一直居住在那座古典风格的建筑里。那里的环境美丽而宁静，可以俯瞰哈弗尔河流过，还可以出航、计算和思考。

艾尔莎专程去检视他们的新度假别墅时惊讶地发现，有一对贵族夫妇作为房产的前主人不但住在房子里，还对她说她不该住在那里。事实证明，他们说的丝毫不错。出于某些莫名其妙的原因，市政府和这对夫妇签订的合同使他们有权继续住在那里——政府拥有土地和房产，但不能驱逐房屋的前主人。

尴尬的政府于是打算给爱因斯坦很大一片土地，让他在那里建造属于自己的房子。但这也违反了合同条款。他们提供的另一处房产到处都是蚊子和苍蝇，却没有水，而且后面被马厩堵得死死的。他们还考虑了很多土地，但都不太合适。而报纸则幸灾乐祸地报道了地方政府的无能。

最终，各方达成一致，爱因斯坦自己去找土地，而市政府则负责费用。他们很快就在一个地方安顿了下来了，那是由几位朋友拥有的一小块地，它位于美丽的卡普思（Caputh）村边上，许多湖泊在那里交汇，湖边是大片森林。柏林市长要求市议会批准 2 万马克用于购买土地，这样他们终于如愿给教授一份礼物以挽回面子。爱因斯坦聘请了一位建筑师做设计，他和艾尔莎很快就满怀欣喜地计划将这里作为避暑别墅。

然而，另一个问题出现了。市议会中的右翼德国民族主义者反对支付这笔钱，他们推迟了投票，并坚持要求就此问题进行全面辩论。显然，这场辩论的主题事关爱因斯坦本人，而非其他事情。爱因斯坦得知此事后，给市长写了一封信。

"生命稍纵即逝，而当局行动迟缓。"他写道，"我的生日已经过了，我谢绝这份礼物。"[233]

第 62 个闪回　爱因斯坦的上帝

1929 年，爱因斯坦收到一封来自纽约的赫伯特·戈尔茨坦（Herbert Goldstein）拉比的电报，全文如下："你相信上帝吗？已预付 50 字回复。"[234]

爱因斯坦笑着说："除了美国人，没有人会想到给一个人发一封电报，问他'你相信上帝吗？'"即便如此，他认为这件事很有趣，于是用了 29 个字①用心地回复道："我相信斯宾诺莎的上帝，他存在于现有事物的有序和谐之中，而不是那个对人类命运和行为感兴趣的上帝。"

爱因斯坦在伯尔尼的时候，和奥林匹亚学院的朋友们一起阅读了 17 世纪荷兰哲学家巴鲁赫·斯宾诺莎的著作，他对读到的思想产生了一种亲切感。斯宾诺莎成了他最喜欢的思想家和自身信仰体系的指路明灯。

斯宾诺莎不相信传统宗教的信条。他认为没有来世，人也并不特别。他认为《圣经》不是神启。他也不相信传统意义上的上帝。对他来说，上帝不会评判人的行为，不会倾听人的祈祷，不会惩罚人的罪过，也不会奖励人的美德。他写道："理智和意志都不是上帝的本性。"[235]他认为这些特征是人类自身的投射。

爱因斯坦对此的看法是："我无法想象上帝会奖励或惩罚他的创造物，也无法想象上帝会有人类自己所具有的那种意志。我既不能也无法想象一个人在肉体死亡后还能继续存在，让脆弱的、出于恐惧或荒谬的利己主义

---

① 此处和上文的字数是指英文单词数量。——译者注

者的灵魂故步自封于这样的想法吧。"[236]

斯宾诺莎认为上帝并不存在于自然之外。恰恰相反，上帝就是自然——人们可以认为上帝是存在本身，是宇宙及其法则。"凡是有的，都是上帝创造的。没有上帝就什么都不是，也不会孕育出任何事物。"[237] 换句话说，正如爱因斯坦所说，"作为斯宾诺莎的追随者，我们看到自己的上帝存在于一切现有的奇妙秩序和规则之中，是它们的根本，正如在人类和动物身上所表现出来的那样"。[238]

斯宾诺莎相信生命是由上帝支配的，这相当于是在说生命是由自然法则支配的。因此，生命是确定的。人们对自己的行为没有选择，他们只是在按照宇宙中不可改变的规律行事。爱因斯坦曾在 1932 年说过："我不相信自由意志。"[239]

在另一个场合，爱因斯坦曾经推断，如果月亮被赋予了自我意识，它可能会认为，围绕地球旋转是出于自我意志。正如我们听到这句话会笑一样，当我们宣称在按照自己的自由意志行事时，某个比我们更聪明的生命也会笑。斯宾诺莎和爱因斯坦都认为，对上帝的正确信仰，应当源于试图理解世界是如何运行的，并且接受它们，这样才能与宇宙、与上帝和谐共存。

在 1930 年的一次采访中，爱因斯坦试图进一步解释他的信仰。他用了一个很恰当的比喻作为回应：

我们就像小孩子走进了一座巨大的图书馆，里面摆满了各种语言的书籍。孩子知道那些书一定是人写出来的。不过，没有人知道是怎么写的，也不理解写书时所用的语言。孩子隐约觉得，书是按照某种神秘的顺序摆放的，但他不知道是什么顺序。在我看来，即使是最聪明的人，对上帝的态度也是如此。我们感受到了宇宙的奇妙秩序，它遵循着某些规律，但我们对这些规律的了解很是模糊。我们有限的头脑只体悟了让星系运动的神秘力量。[240]

第 63 个闪回　统一场论

爱因斯坦在 1915 年发表了广义相对论方程组后不久，便开始了终其余生的研究。他试图把引力理论和电磁力理论相结合，形成某种"统一场论"，这是一种关于万物的理论。

随着名气越来越大，爱因斯坦的各种尝试经常会引起媒体空前的关注。1928 年底，他向普鲁士科学院提交了一篇数学论文。尽管当时还没有人见过这篇论文，但已经有报纸开始报道他提出了惊人的新理论。来自世界各地的记者包围了他在柏林的大楼，他不得不躲进他的医生的别墅里。1929 年 1 月底，学院发表了这篇论文，而人们的这种狂热而喧嚣的热情有增无减。

论文印了 1000 本，但马上就售罄了，于是又加印了 3000 本。一家美国报纸用自己的版面刊登了整篇论文，同时还附了一篇更有趣的配套文章，该文讲述了通过电报发送方程组里的希腊字母有多困难。在伦敦，5 页论文被并排张贴在塞尔福里奇百货公司的橱窗里，街上的行人都能看到。人们挤到一起，仿佛只要靠得足够近，就能看懂论文里的复杂方程组。

在隐居期间，爱因斯坦写了一篇关于这个最新研究的文章，并在《纽约时报》专题发表，他还接受了一些国际杂志的采访。他对《每日电讯报》说："现在，直到现在，我们才知道，使电子绕原子核进行椭圆运动的力和使地球绕太阳公转的力是一样的。"[241] 事实证明，这是胡说八道。

事实上，就科学意义而言，爱因斯坦的论文并没有产生重大影响。这只是他近期对统一这些力的一次尝试。到 1929 年时，他已经失败了很多次。在最近的这次尝试过程中，年轻而激进的量子物理学家沃尔夫冈·泡利尖刻地预言，爱因斯坦将在年内放弃这种思维方式。他的判断几乎没错。仅仅过了 18 个月，爱因斯坦又一次改变了方向。他写信给泡利："好吧，你是对的，你这个家伙。"[242]

就这样，爱因斯坦循环往复了 20 多年，他会研究某种方法，宣称它是"最终解决方案"，然后过不了多久，便放弃该想法，转而研究其他东西。因为出名很早，所以他可以把精力花在探索年轻人不会考虑的一些问题上，就职业生涯而言，研究这些问题通常很容易失败，也会造成时间的浪费。爱因斯坦是自由的，他觉得自己有义务去探索那些别人不愿尝试的领域。

但因为对统一场论的追求，他开始和同事们渐行渐远。他的成果变得更加抽象和数学化，不再关乎基于可观察的物理实在的概念。他开始跟不上物理学的最新发展，工作也受到了影响。

他很清楚自己的失败。正如他在 1948 年写给莫里斯·索洛文的信中说的，"我永远也解决不了这个问题了"。[243]

第 64 个闪回　婚恋观

1930 年到 1932 年，爱因斯坦应牛津大学基督教堂学院的邀请，每年访问那里一个月，学院希望给他一个更长期的职位。

牛津大学的奢华和拘谨让爱因斯坦觉得不舒服。当他和学院的资深会员一起在特座区吃饭时，为了不被人发现，他常常会把便笺簿藏在膝盖上，然后悄悄在上面写笔记。不过，总体而言，他很享受在那里的时光。没人对他的犹太血统、德国血统以及名声说三道四。在一个怪人横行的地方，他的奇怪之处并不会被人重视。在很大程度上，他可以按自己的意愿行事。

有一次，公共知识分子和古典学者吉尔伯特·默里（Gilbert Murray）路过汤姆方庭（Tom Quad），那是学院里的一大片场地，由修剪过的草地和砾石人行道组成。他看到爱因斯坦正独自微笑着坐在那里，望向远处。默里问他在想什么。

"我在想，这毕竟是一颗很小的星星。" [244]

在某次访问牛津大学期间，他的情妇埃塞尔·米哈诺夫斯基（Ethel Michanowski）去找他。米哈诺夫斯基是柏林的一位社交名媛，也是他的继女玛戈特的朋友。当时，她就住在附近的一家旅馆里。艾尔莎发现后，爱因斯坦漫不经心地答复道：

你对 M. 太太的不满是毫无根据的，因为她的行为完全符合犹太教和基督教最严格的道德标准。理由如下：1) 自己喜欢而又不伤害别人的事，就可以去做；2) 自己不喜欢而且会激怒别人的事，就不应该去做。因为第一条，她来找我了，又因为第二条，她对你只字未提。这难道不是无可挑剔的行为吗？[245]

最后，是爱因斯坦对米哈诺夫斯基的出现感到不耐烦了。"她对我的追求已经失控了。"他在给玛戈特的信中写道，"我不在乎别人怎么说我，但为了艾尔莎和 M. 太太，最好不要人人都八卦这件事。"[246] 在米哈诺夫斯基逗留期间，她在基督教堂学院给爱因斯坦送了一份昂贵的礼物，爱因斯坦对此却并不领情。"那个小包裹真的让我很生气，"他写信给她，"你不可以再不停地给我送礼物了。"[247] 在信的结尾处，他还"附上了一个绝对严厉的表情"。

爱因斯坦告诉玛戈特，对他来说，和他交往的女人意义不大。他还说，在所有这些人当中，他真正喜欢的只有"L. 太太"。玛格丽特·勒巴赫（Margarete Lebach）是一个已婚的奥地利人，她金发碧眼，有着一头蓬乱的短发。勒巴赫和爱因斯坦的关系不是地下的。每次她去卡普思的避暑别墅和他一起坐帆船时，一定会给艾尔莎带些糕点，这种情况大概每周一次。而且，只要知道"奥地利人"要来，艾尔莎常常就会哭哭啼啼地返回柏林。

有一次，在爱因斯坦的船上发现了勒巴赫的一件衣服（不知道是哪件），这导致了一场激烈的家庭争吵，玛戈特要求她的母亲让爱因斯坦结束这段关系。但艾尔莎知道自己的丈夫一定不会同意。爱因斯坦早就告诉艾尔莎，他认为人类关于情感上的忠诚的概念只是社会构建的产物。

艾尔莎认为维持婚姻是值得的。"你必须看到他完好无羔。"她曾说，"上帝让他成为那么高贵的人，我觉得他很了不起，尽管和他在一起生活既累人又复杂。"[248]

第 65 个闪回　邂逅戈尔丁

爱因斯坦在牛津大学期间，春天慢慢地变成了夏天[249]。楰栂树开始绽放花朵，而樱桃的花早已开过。黄水仙的花期已过，而对绣线菊而言又太早。草长得很高，空气也很清新。

爱因斯坦在莫德林鹿园悠闲地走着，那里是一片草地，草地上嵌着许多小路，彻韦尔河把草地分开来，而河流的某些地方比溪流还小。

一位 19 岁的大学生站在一座桥上，懒洋洋地盯着水面，他看上去很结实。爱因斯坦停下来站在那位学生身边。这个年轻人就是威廉·戈尔丁（William Golding），他后来写了《蝇王》，并因此获得诺贝尔文学奖。那时，他正在看科学期刊《自然科学》。

戈尔丁热切地向爱因斯坦表示，自己能见到他是多么荣幸。遗憾的是，那时他的德语水平和爱因斯坦的英语水平差不多，也就是说，他几乎说不了什么。于是他笑了笑，希望爱因斯坦能理解。他们 5 分钟没有说话，戈尔丁就一直笑眯眯的，直到爱因斯坦觉得应该打破沉默。

"鱼。"爱因斯坦指着下面小溪里的一条鳟鱼，小心地说道。

戈尔丁很想用某种方式来表明他也很欣赏理性和科学。"鱼，"他附和道，"是的，是的。"

他们友好地并肩站了 5 分钟以上。然后，友善的爱因斯坦便走了，继续他的散步。

第 66 个闪回　与弗洛伊德的通信

爱因斯坦没太多时间去研究精神分析，他觉得这门科学存在问题，甚至还有一点儿欺骗性。1927 年，他曾在柏林与西格蒙德·弗洛伊德（Sigmund Freud）共进晚餐，他对弗洛伊德略知一二，也很喜欢他，然而，尽管他对这位精神分析学家很有礼貌，但对方肯定没让他信服。在爱因斯坦 50 岁生日时，弗洛伊德给他写了一封信表达祝福，而爱因斯坦却奇怪又挑衅地回复说："您为什么要强调我的好运？您既然已经被那么多人——实际上是全人类——的处境所困，那就几乎没什么机会再受困于我的处境了。"[250]

1932 年，国际智力合作研究所（International Institute of Intellectual Cooperation，联合国教科文组织的前身）询问爱因斯坦，是否愿意选一个人进行通信，讨论与政治和战争有关的话题。爱因斯坦选择弗洛伊德作为自己的通信人。他的问题很宽泛："有没有办法让人类免于战争的威胁？"接着，他表达了个人看法，提出了一个潜在的解决方案，即在国际社会达成一致的情况下，建立一个"立法和司法机构，来解决国家之间产生的所有冲突"。每个国家都必须接受并遵守该机构的命令。当然，他知道这种制度是有缺陷的。"不过，我在一开始就遇到了一个困难，"他承认，"法律和权力必然是相辅相成的。"

第一次世界大战结束后，这样的机构没能成立，爱因斯坦认为这是"强大的心理因素"作祟，这些原因让善意的努力化为乌有。他尤其谴责了"所有国家的统治阶级对权力的渴望"，以及"对一切限制国家主权的敌意"。他问弗洛伊德："这一小撮人怎么可能为了实现自己的野心而屈服于大多数人的意志呢？而后者恰恰才是在战时遭受损失和痛苦的那群人。"

他们控制着学校和媒体，通常还包括教会——这是事实，但爱因斯坦想知道，即使他们的影响无处不在，人们又是如何被煽动得热衷于战争，甚至愿意为此牺牲自己的生命？"答案只有一种可能：因为有些人的内心具有仇恨和毁灭的欲望。在正常情况下，这种激情是潜伏着的。而在特殊情况下，它就会被激发出来。要让这种欲望抬头，并把它提升到集体癔症的程度，不算太难。"[251]

弗洛伊德的回答冗长而复杂，他在一开始讲述了人类社会发展的简史。他在很大程度上同意爱因斯坦的观点，并表达了和爱因斯坦一样的悲观情绪。他说，要想结束战争，就需要一个能对所有的利益冲突有最终决定权的中央权威机构。倘若这个机构没有执行力，那么也没什么用，但弗洛伊德认为，建立这样一种力量的希望很渺茫。接着，他讨论了爱因斯坦对精神分析的尝试。

你惊讶于人类如此容易染上战争狂热症，你猜想，人类具有仇恨和毁灭的本能，刺激它会有反应。我完全同意这一看法……

我们假设人类的本能有两种：一种是存续和统一的本能，我们称之为"情爱的"（柏拉图《会饮篇》里的厄洛斯的含义）……第二种是毁灭和杀戮的本能，我们把它理解为侵略和破坏的本能。正如你所发现的，人人都知道它们是矛盾的，爱与恨，变成了理论实体……

当一个国家卷入战争时，人类的动机在各个方面都可能会响应这种感召；这些高尚或卑鄙的动机有的外露，有的深藏。侵略和破坏的欲望当然也包括在内，历史上和人类日常生活中的无数残酷事实证明了它的盛行和力量。通过理想主义和情欲本能来刺激这些破坏性的冲动，自然会加速它们的释放。[252]

尽管"不可能抑制人类的攻击性倾向"，弗洛伊德还是从他的分析中找到了一丝希望。他写道，从这个"神话理论"里，很容易找到一种间接消除战争的方法。"倘若战争的倾向源于破坏的本能，那么我们永远掌握着中和它的力量——爱，它就在我们的手中。"换言之，"所有会产生人与人之间情感联系的东西都可以作为战争的解药。"

弗洛伊德认为，人类的文化发展会抑制战争倾向。随着文明的发展，有越来越多的人会变成和平主义者。然而，总的来说，他对爱因斯坦的问题的回答是否定的——没有办法让人类免于战争的威胁。弗洛伊德开玩笑说，他们两人的通信不会为他们赢得诺贝尔和平奖。

他们的对话很快就成了过时的空谈，因历史的变迁而变得无关紧要。通信于 1933 年公开，而那时希特勒已经在德国掌权。

第 67 个闪回　签证风波

美国联邦调查局正式对爱因斯坦产生兴趣是从 1932 年开始的，当时，联邦调查局收到了一位名叫伦道夫·弗罗辛厄姆（Randolph Frothingham）夫人的来信，她是女性爱国者社团（Woman Patriot Corporation）的会长，该组织致力于保护美国免受"不受欢迎的外国人"（尤其是和平主义者、社会主义者和女权主义者）的侵扰。那时，爱因斯坦刚刚被任命为新成立的普林斯顿高等研究院的研究员，并将于次年到岗，这件事让该组织感到愤怒。于是，弗罗辛厄姆写了 16 页备忘录，罗列了政府应该拒绝给爱因斯坦签发去帕萨迪纳工作的签证理由：

阿尔伯特·爱因斯坦相信、散布、鼓吹以及教导一种理论，从逻辑意义上讲，就像法院在某些情况下秉承的那样，"允许无政府状态不受干扰地滋长"，最终导致"政府只是挂名的"……

阿尔伯特·爱因斯坦信奉并隶属于主张用武力或暴力推翻美国政府的共产主义组织；他提倡用"反叛行为"反抗一切有组织的政府……他主张"反抗公共权威"；承认自己的"态度是革命性的"；其目的是"非法的"，他打算组织、领导"激进的反对派"，并为此筹集资金和捐款，与我们宪法的基本原则"作斗争"……他教导、领导并组织了一场针对战时美国军官的非法"个人抵抗"和"抗议"运动……

而且，他是公认的世界领袖，通过与共产主义和无政府共产主义组织及团体的直接联系，正在尽可能地通过个人努力"粉碎"用于保护政府存在的"军事机器"……

　　阿尔伯特·爱因斯坦就是这样的领导者。甚至斯大林本人也没有像阿尔伯特·爱因斯坦那样，加入过那么多的无政府共产主义国际组织，以逐步达成世界革命和最终无政府状态的"先决条件"……

　　阿尔伯特·爱因斯坦提倡"无法无天的混乱"，以"粉碎"教会和国家——如果可能的话，他甚至还会让自然法则和科学原理陷入"混乱和无序"。[253]

　　联邦调查局没有驳斥弗罗辛厄姆女士的信件，而是就此展开行动，当然，它们可能早就开始了。调查局联系了美国驻柏林领事馆，爱因斯坦和艾尔莎被要求亲自回答一些和他们的签证申请有关的问题。

　　"你的政治信仰是什么？"[254] 面试官开始问道。

　　爱因斯坦有点儿吃惊，他盯着那个人，然后大笑起来："嗯，我不知道。我无法回答这个问题。"

　　"你现在还是什么组织的成员吗？"

　　爱因斯坦开始用手拨弄头发，并望着艾尔莎想让她解围。"哦，是的！我是一个反战者。"

　　"组织里还有哪些人？"

　　"嗯，有我的朋友。"

　　45 分钟过去了，整个过程变得不那么顺利和愉快。最后，爱因斯坦生气地问道："你们是在干什么，审讯吗？"他提醒面试官，他自己并没有选择去美国。"是你的同胞邀请我去的，是他们请求我去的。如果要我作为嫌犯进入贵国，我根本就不想去。"

　　说完话，他拿起帽子和外套就往外走。艾尔莎马上把这次经历捅给了报纸，并告诉媒体，如果爱因斯坦在第二天中午之前拿不到签证，他将取消美国之行。随后，领事馆发表声明，会立即给他发签证。

第 68 个闪回　好莱坞时尚

爱因斯坦和艾尔莎在由查理·卓别林主演的电影《城市之光》首映式上（1931 年）

璧克馥（Mary Pickford）和范朋克（Douglas Fairbanks）是当时世界上最著名的两位演员，他们在贝弗利山庄造了一座 4 层楼的房子，占地 12 英亩，有 25 个房间，房屋的四周被精致的花园围绕，整体风格呈现出欧洲旧贵族的颓废。他们给住所起名"璧克范"（Pickfair），而查理·卓别林就住在他们隔壁。

就美国社会而言，受邀去"璧克范"就如同被邀请去白宫。璧克馥和范朋克会在配着 18 世纪家具、木质墙板的房间里举办奢华的派对，不过派对不提供酒水，因为范朋克是禁酒主义者。客人们可以欣赏中国艺术品、法国绘画、镀金壁龛以及西式酒吧。作家、政治家、演员、音乐家和国家元首会来这里闲聊、寒暄，或是讨论招魂术，这里有好莱坞关注的最新时尚。

爱因斯坦夫妇被邀请参加在这座巨大的仿都铎式豪宅里举办的晚宴。深色的装饰性窗帘遮住了加州大部分的阳光。查理·卓别林和爱因斯坦关系很好，他也在那里。在客人中，还有一位著名的神经学家，他把话题引到了"思想转移"上，他非常相信这种心灵感应。

爱因斯坦问那是什么。

"我思考并把注意力集中在你身上，"那位大脑专家解释道，"而你则知道我在想什么。"[255]

"不，这是不可能的。"

"但你的理论对大多数人来说不是同样不可思议吗?"

并非如此，爱因斯坦坚持道，理解相对论其实轻而易举。为了证明自己的观点，爱因斯坦决定用一些道具来证明相对论。他拍了拍餐桌的边缘，称其为"空间的边缘"。然后他把盘子比作地球、太阳，或是整个宇宙的某一部分——没有人能确切记住这些，而他的刀叉则代表第四维度。

尽管璧克馥很努力地想去理解，但她还是发现自己完全听不懂爱因斯坦说的是什么，其中有部分原因是她太敬畏这位客人，不敢要求他做进一步解释。过了一会儿，她放弃了努力，为了解闷，她把注意力集中在了范朋克和卓别林身上，他们俩正张嘴坐着，神情紧张而又困惑。他们也没能听懂。

无法理解并没有阻止好莱坞的权贵们享受和爱因斯坦交往，他们依然邀请他参加其他派对，即使这些夜宴并不都很成功。在一次卓别林举办的晚会上，爱因斯坦遇到了威廉·伦道夫·赫斯特（William Randolph Hearst）和马里昂·戴维斯（Marion Davies）。赫斯特是后来奥森·韦尔斯（Orson Welles）自导自演的《公民凯恩》的灵感来源，他几乎在美国所有主要城市都拥有杂志和报纸。戴维斯是一位颇具喜剧天赋的女演员，是赫斯特的合伙人。

聚会一开始很顺利，但谈话速度最终变慢了，爱因斯坦坐在那里望着远方，赫斯特则低头盯着他的甜点盘。戴维斯在很长一段时间的沉默之后，突然转向爱因斯坦，她在整个晚上的大部分时间里回避着爱因斯坦。"嗨！"她开口了，然后在爱因斯坦头上挥了挥手指，接着问道，"你为什么不理个发？"[256] 于是，卓别林宣布是时候喝咖啡了。

第 69 个闪回　与纳粹的斗争

1933 年 1 月 30 日，阿道夫·希特勒（Adolf Hitler）成为德国总理，而爱因斯坦正在帕萨迪纳的加州理工学院担任客座教授，他的聘期已经过半。最初，爱因斯坦低估了纳粹。1930 年，在回答一位美国记者关于希特勒的问题时，他说："他活在德国的空肚子里。"[257] 爱因斯坦估计，一旦经济形势好转，希特勒就不会有那么高的地位了。但到 1933 年 2 月底时，爱因斯坦显然已经不能回德国了，尤其，他在柏林的公寓曾两次被纳粹搜查，其中有一次，他的继女玛戈特就在家里。

2 月 27 日晚上，德国国会大厦被纵火焚烧，纳粹利用这一事件通过了一项法案，终止了许多受宪法保护的权利，其中包括集会自由、言论自由和出版自由。该法案还允许无须特别指控就可以对个人实施政治监禁并没收其财产。爱因斯坦对朋友们说，他可能不得不搬回瑞士。据报道，他在卡普思的避暑别墅被洗劫一空——那是他非常喜欢的地方，他的船也被没收，理由是搜查船上是否藏匿了共产主义者的武器。这让他决定放弃自己的祖国。

3 月底，爱因斯坦夫妇、海伦·杜卡斯以及他的助手瓦尔特·迈尔（Walther Mayer）从纽约乘船到比利时后，爱因斯坦便马上去了布鲁塞尔的德国大使馆，交回了护照并声明放弃德国国籍。不过，他保留了瑞士护照。爱因斯坦这次离开大使馆后，便再也没有踏上过德国领土。

　　然而，个人当时是不可能合法放弃公民身份的。在没有国家批准的情况下，一个人不管交回多少本护照，仍然是个德国人。爱因斯坦放弃德国国籍让纳粹不知所措。在 1933 年 8 月的一次会议上，内政部认为，由于爱因斯坦的声望，公开剥夺他的公民权会对德国产生负面影响。不如就默许爱因斯坦的行为，以达到预期效果。但一名盖世太保官员认为，正是因为爱因斯坦声名显赫，纳粹才更应该驱逐他。有人觉得，他利用自己的声望散布谣言，从而进行反德宣传。

　　除了身为犹太人、国际主义者、和平主义者和名人这些显而易见的理由之外，爱因斯坦还具备令纳粹讨厌他的所有理由。他曾明确表示自己不会以任何方式支持纳粹党。1932 年，就在德国国会选举前夕，爱因斯坦与其他人联合发表了一份宣言，警告德国有成为法西斯社会的危险。艾尔莎恳求他不要再签署任何政治声明。但他回答说："倘若我像你希望的那样，那我就不是阿尔伯特·爱因斯坦了。"[258] 因此，他呼吁社会民主党和共产党结成反法西斯联盟。他的名字出现在了相关海报的标题上。

　　1934 年，德国正式宣布爱因斯坦不再具有德国国籍。纳粹想要享受剥夺他作为德国人的权利，但他抢先了一步，这让纳粹很不高兴。事实上，他曾两次击败纳粹。就在 1933 年去布鲁塞尔的德国大使馆的同一天，他还寄出了一封信，宣布放弃普鲁士科学院院士的身份——这也是纳粹想从他身上夺走的东西。爱因斯坦在信中写道："在目前这种情况下，我觉得自己无法再继续信任普鲁士政府。"[259]

　　马克斯·普朗克对爱因斯坦的决定很满意，他写信给对方说，这是唯一能让爱因斯坦和科学院保持友好关系的方法。普朗克一直担心科学院会启动正式开除爱因斯坦的流程，某些政府部长就曾呼吁采取这样的行动。他在给科学院秘书的信中写道："尽管在政治问题上，我和爱因斯坦之间存在着巨大的分歧，但我绝对确信，在未来的几个世纪内，爱因斯坦仍将是科学院有史以来最耀眼的明星之一。"[260]

科学院仍然继续谴责着他们最著名的院士。纳粹分子非常愤怒，因为爱因斯坦预判了他们的预谋——想通过科学院实现复仇。因此，科学院发表了一份声明，指责爱因斯坦"宣扬暴行""在外国从事煽动活动"。声明最后还说，没有必要为失去这样一位院士而感到遗憾。

只有一位科学院院士敢于反对这样对待爱因斯坦，他就是普朗克的老助手马克斯·冯·劳厄，自从 1907 年在伯尔尼拜访爱因斯坦后，他们就成了朋友。然而，在 4 月 6 日的一次会议上，爱因斯坦的另一位好朋友弗里茨·哈伯竟然对负责发表声明的秘书表示了感谢，并声称这份声明是恰当的。

在这次会议召开时，德国已经通过了一项法律，禁止犹太人担任公职，包括在大学任职。在大学里，犹太教师和学生不再具有学术身份。一个月后，在科学院附近的柏林歌剧院前，有近 4 万人亲历了焚烧犹太书籍。面对这些行为，爱因斯坦决定请劳厄代表他放弃所有德国组织的会员资格。

纳粹当局仍然不顾一切地羞辱爱因斯坦，他们没收了他在卡普思的避暑别墅，并把它卖给当地市政府。最初，他们想把它改造成希特勒青年团的营地，但由于资金短缺，这一计划未能实现。最后，爱因斯坦所钟爱的度假居所被政府用来培训学校教师。

尽管爱因斯坦断绝了与祖国的关系，但他并没有完全断绝与朋友的关系，即使是那些表现得不够高尚的朋友。普朗克努力缓和国家的反犹政策，他甚至一度写信给希特勒，但没什么用。不过，在大多数情况下，普朗克遵从政府的意愿，还鼓励其他科学家也这样，这与爱因斯坦的信仰完全背道而驰。

"尽管如此，"在与普鲁士科学院打交道的过程中，爱因斯坦在给普朗克的信中写道，"我很高兴你以老朋友的身份问候我，即使最大的压力也没有影响我们之间的关系。"他接着又写道："不管未来会发生什么，从某种意义上说，这种关系仍然会保持老派的美好和纯洁。"[261]

第 70 个闪回　小儿子爱德华

爱德华和阿尔伯特·爱因斯坦，这是他们最后一次见面（1933 年）

　　爱因斯坦在比利时的滨海小镇"海上公鸡"（Le Coq sur Mer）租了一间小屋，那时的他心事重重。他原定将于 1933 年 5 月下旬访问牛津大学，做一个关于科学哲学的讲座，但他写信给那里的朋友弗雷德里克·林德曼（Frederick Lindemann），询问是否可以将行程推迟一周。爱因斯坦写道，他觉得有必要去瑞士看望一下小儿子爱德华，他解释说，等不到 6 个星期后再去见儿子了。他希望林德曼能谅解。

　　爱德华的小名叫"泰特"和"泰迪"。他很聪明，思维敏捷，但活得并不轻松。他从小就体弱多病，整个童年都在看医生或者在疗养院休养。他对精神分析学很感兴趣，尤其是对西格蒙德·弗洛伊德的学说。他大学读的是医科，并希望自己成为一名精神科医生。

爱德华的精神疾病症状发展得很慢，而大学时的失恋经历似乎加重了病情。在 20 岁时，他已经变得闲散、易怒，而且绝望。他有一次试图从窗户往下跳，但被母亲制止了。1932 年秋，22 岁的他在苏黎世附近的一家精神病院接受了一段时间的治疗。

爱因斯坦在比利时期间，爱德华因为在家的几个月里病情没有任何好转而再次入院。"悲伤正在吞噬着阿尔伯特，"艾尔莎在给朋友的信中写道，"他觉得这事情难以应对，比他愿意承认的还要难。他总是力求在一切与他个人有关的事情上毫发无损。他确实做到了，比我认识的其他人做得都好。但这事情对他打击很大。"[262]

爱因斯坦去精神病院看望爱德华时，带上了他的小提琴，还拍了一张父子俩的合照。泰特很爱音乐。事实上，爱德华只有在弹钢琴的时候，会在令人极度不安的激情里，神智变得清醒和平静。爱因斯坦和他的儿子经常在一起演奏，他们发现用音乐比用语言更容易交流。他们的谈话内容没有留下记录，但这次访问并没有改变爱因斯坦的想法，他认为泰特的精神分裂症是从他母亲那边遗传来的，是一件"无能为力的事"[263]。父子二人都不知道，这是他们最后一次见面。

1948 年，在米列娃离世后，爱因斯坦承担了爱德华的生活费。终其一生，他都觉得保障爱德华幸福是他应尽的责任。然而，爱因斯坦并没有打算再去瑞士看望他，随着自己越来越老，他也不情愿听到爱德华的消息。

"你或许对我不写信给泰特感到奇怪。"爱因斯坦在给朋友的信中写道，"因为我有一种自己无法控制的分析能力。我有一种执念，自己一旦进入他的视野，就会感受到各种各样的痛苦。"[264]

第 71 个闪回　洛克 – 兰普森

奥利弗·洛克 – 兰普森（Oliver Locker-Lampson）司令身材瘦削，头脑敏锐，衣着考究，颧骨突出，长着鹰钩鼻。他可以随意施展魅力，但也有点儿喜怒无常，被认为是"那种能搞到钱的人"[265]。1910 年，洛克 – 兰普森第一次当选英国保守党议员。1933 年，他在牛津大学第一次见到爱因斯坦，那时他已经 53 岁，而他那漫长的保守党议员生涯业也已过半。

洛克 – 兰普森当过律师和记者，曾在第一次世界大战服役期间写过一些激动人心的故事。当时他的主要职务是英国皇家海军航空兵的装甲车师指挥官。1915 年，他和他的中队被派往俄国帮助沙皇。在东线作战期间，他和俄国贵族成了朋友，他曾救过一位颈部中弹的公主的命，还参与过镇压军事政变，该政变由临时政府发动，最终未能成功。他后来还说，有人请他刺杀拉斯普京（Rasputin），让他帮助退位的俄国皇帝尼古拉斯二世（Nicholas II）逃亡。

可以想象，洛克 – 兰普森肯定不是社会主义的拥趸，事实上，有一段时间他的立场是极右的。第一次世界大战结束后，他组织过"肃清红军"运动，并表达了对外国法西斯分子的欣赏。在《每日镜报》1930 年 9 月的一篇文章中，洛克 – 兰普森称赞希特勒是"传奇英雄"[266]。1932 年，他还给墨索里尼（Mussolini）送了一对搪瓷袖扣和一张唱片作为礼物。

不过，他的立场在 1933 年发生了巨大的变化。他接受的是德国教育，对德国文化和民众都很熟悉，在希特勒掌权后，他很早就警示应该为反抗纳粹的战争做准备。他把自己的精力转投到帮助犹太难民寻找避难所上，并亲自资助了很多人，努力帮助一些著名的流亡者，如西格蒙德·弗洛伊德和埃塞俄比亚皇帝海尔·塞拉西（Haile Selassie）。

洛克 – 兰普森喜欢召集有趣的名人。虽然他基本上并不认识爱因斯坦，但当对方回到比利时后，洛克 – 兰普森就写信问他，是否愿意光临自己那里。爱因斯坦在接受邀请时表现出了令人钦佩的淡定，对他而言，受人之邀和邀请别人没什么区别。如今，他非常喜欢这趟英国之行（在牛津大学的事情结束后，他去了苏格兰的格拉斯哥），所以他决定接受洛克 – 兰普森的邀请，并于一个月后（1933 年 7 月）回到了英格兰。

为了给自己的明星客人一个精彩的开场，洛克 – 兰普森安排爱因斯坦会见了一些杰出的英国政治家，不算在办公室里遇到的话，这些人包括：英国前外交大臣奥斯丁·张伯伦（Austen Chamberlain）、前首相戴维·劳合·乔治（David Lloyd George）和前财政大臣温斯顿·丘吉尔（Winston Churchill）。洛克 – 兰普森和丘吉尔的关系特别好，他在周六带爱因斯坦去丘吉尔位于查特韦尔庄园的家吃了顿午餐。爱因斯坦身穿白色亚麻西装，看起来就像一位正在享受暑假旅行的教授，而丘吉尔则身穿连体工作服，头戴一顶超大号的太阳帽，看起来更像一个园丁。那次他们拍了一张照片，照片上的两个人在铺满砾石的花园里微笑。

在访问期间，爱因斯坦提出了请英国大学为德国犹太科学家提供庇护的话题，他告诫丘吉尔，希特勒一心想要开战，并且已经在秘密备战。丘吉尔带着自己独有的自信回答说，英国和美国肯定能阻止德国重整军备。爱因斯坦完全被说服了，也几乎可以说是被蒙骗了。那天，他在给艾尔莎的信中写道："丘吉尔非常聪明。"[267] 像往常一样，他带着一种错误的政治乐观情绪继续写道："我越来越相信，这些人已经采取了预防措施，他们很快就会果断地采取行动。"

爱因斯坦还参加了一次英国国会会议，他在旁听席上见证了洛克 – 兰普森提出一项法案，该法案旨在向逃离迫害的犹太人提供公民身份。在演讲中，洛克 – 兰普森讲述了爱因斯坦在劳合·乔治家里的留言簿上签名时，不得不留下空白的住址信息。"德国，"他接着说，"培养出了她最值得称道的公民——爱因斯坦。对我来说，品评一个如此卓越的人是不恰当的。世界上最杰出的人都认可他才是最了不起的。但在爱因斯坦教授的案例里，除了名望之外，还有一些别的东西。他在科学领域的成就无人能及。他是无私的知识分子的最高典范。然而，如今的爱因斯坦无家可归。"[268]

这项法案没能通过，但洛克 – 兰普森显然赢得了宾客的支持。

第 72 个闪回　就服兵役的态度

1933 年 7 月，爱因斯坦在"海上公鸡"收到一封神秘来信，上面写着："次席小提琴手的丈夫想和你讨论一件急事。"[269] 这是一条关于比利时国王阿尔贝一世（Albert I）的加密信息。

4 年前，爱因斯坦在访问安特卫普时认识了比利时王后伊丽莎白。他们一起演奏莫扎特的曲子，还一边喝茶一边讨论相对论。第二年，爱因斯坦又接到邀请，也就是在那一年，他见到了国王。他和王后再次演奏了莫扎特的曲子，然后，他留下来和这对夫妇一起吃了一顿私人晚餐，餐食包括菠菜、鸡蛋和土豆，但没有仆人服侍。他们都非常喜欢彼此。

收到信以后，爱因斯坦直奔王宫。国王有个问题想要咨询这位伟大的科学家。最近，有两名拒服兵役的人在布鲁塞尔遭到监禁，某个和平组织吁请爱因斯坦为他们辩护。爱因斯坦是一个坦率的和平主义者，并以此闻名。在完成广义相对论的研究工作后，在他的生活里，倡导和平已经变得和科学一样重要。20 年来，爱因斯坦一直认为，只有人们在任何情况下都拒绝服兵役，才是结束战争的唯一途径。国王打电话给爱因斯坦，希望他不要公开谈论这些"良心犯"。

爱因斯坦答应不参与其中。他不想让国王不高兴，既不是因为他们的友谊，也不是因为对方是接纳他流亡的国家的元首。面对德国新的政治现实，他不再相信反战是行得通的。

"我想说的话会让你大吃一惊，"他在给和平组织领导人的公开信中写道，"直到最近，我们欧洲人还认为，个人的反战是反抗军国主义的有效手段。如今，我们所面对的形势是完全不同的。"他解释说，比利时是一个弹丸小国，不可能滥用自己的武力。"它迫切需要这些军事力量来保护自己。设想一下，比利时会被时下的德国占领！"[270]

爱因斯坦道出了一件非同寻常的事。"倘若我是比利时人，"他写道，"在目前这种情况下，我也不会拒绝服兵役；相反，我更乐于从军，因为我相信，这将有助于拯救欧洲文明。"

不过，他紧接着补充说明，他并没有放弃和平主义："这并不意味着我放弃了自己的原则……我最大的愿望是，拒服兵役能再次成为为人类进步事业添砖加瓦的有效方法，而这样的日子即将到来。"

第 73 个闪回　躲避暗杀

爱因斯坦与指挥官奥利弗·洛克 –兰普森、玛乔里·霍华德，以及站岗的赫伯特·伊斯特奥在洛克 –兰普森的度假小屋外（1933 年）

　　爱因斯坦有一个习惯，他并不会去核查那些他所支持的委员会和社团的细节。在一生中，他曾经是各式各样团体的成员、正式支持者，有时还会担任主席，但他从不参加这些团体的会议。其中有一个组织出版了一本抨击希特勒政权的书——爱因斯坦并没有读过。然而，德国报纸开始急着攻击这位著名的犹太科学家，并谴责这是"爱因斯坦的耻辱"。更令人不安的是，他成了纳粹的暗杀目标，他和其他一些"德国的敌人"的照片一起被冠以"尚未被绞死"的标题，印在了名单上。

1933 年 8 月 30 日，纳粹极端分子枪杀了德国犹太哲学家、爱因斯坦的同事西奥多·莱辛（Theodor Lessing），莱辛当时一直住在捷克斯洛伐克。在德国，刺客得到了表彰，而莱辛的照片也曾被冠以"尚未被绞死"的标题。没过几天，就有媒体报道说，爱因斯坦是名单上的下一个目标。比利时王室派了两名警察守卫他在海滩边租来的房子。24 小时的保护让爱因斯坦很烦躁，他经常试图甩掉那些警卫，但总体而言，他觉得这一切还算有趣。当听说有人悬赏 5000 美元买他的人头时，他摸着自己的太阳穴微笑地回答道："我不知道它还那么值钱！"[271] 正如他对巴黎的一位记者所说，他"确信"，威胁是真实存在的，"但无论如何，我都要心平气和地面对这个问题"。

相比之下，艾尔莎则一点儿也不淡定，爱因斯坦也没能抚平她的焦虑，他说："当一个强盗即将犯罪时，他是不会泄露这个秘密的。"[272] 再过一个月左右，他们就要去普林斯顿高等研究院了，他觉得到那时，一切都会安好。没过多久，艾尔莎就说服丈夫"逃跑"。她会留下来收拾行李，然后再去美国。

爱因斯坦再次联系了指挥官奥利弗·洛克－兰普森。距上次访问英国仅过了一个月，在一位《星期日快报》记者的精心策划下，他们一起乘船返回英国。在整个行程中，爱因斯坦的主要时间仍在研究他的方程组。他于 9 月 9 日抵达伦敦，并被迅速转移至拉夫顿希思，那里离诺福克海岸的克罗默很近，最后在洛克－兰普森的度假小屋住了下来。

"小屋"这个词很恰当，因为场地确实很小。它的墙是用细长的原木搭起来的，屋顶是用茅草铺就的。洛克－兰普森带来了武装警卫和两名年轻女子，给他当"助手"，不过这些"助手"都随身携带武器，至少在一系列摆拍的照片里是这样的。小屋的主人宣称："倘若有任何未经授权的人靠近，他们将尝到铅弹的滋味。"[273] 对此，爱因斯坦有不同的评价："我的侍卫们的美貌比其手中的猎枪更容易让阴谋家缴械投降。"[274]

显然，这位伟大教授的处所没有公开，但很难说爱因斯坦是与世隔绝的。在他逗留的三个星期里，拜访他的人很多，其间他还接受过《每日邮报》的采访。他甚至还去伦敦艾伯特厅发表演讲，帮助流离失所的德国知识分子。那次演讲的 9000 个听众座位全部售罄，许多人只能站在过道上。

第 74 个闪回　爱泼斯坦塑像

出于某种原因，在爱因斯坦所谓的秘密隐居期间，洛克－兰普森安排了现代雕塑艺术的先驱雅各布·爱泼斯坦（Jacob Epstein）来为他的贵客塑像。

塑像是在小屋里进行的。那里并不是一个理想的工作室，不仅有一架大钢琴占了大部分空间，使得房间里几乎没有周转的余地，而且光线也很暗。当爱泼斯坦问警卫是否可以把门拆了，以便自然光能更亮一些时，他们揶揄他是不是还想让他们把屋顶也掀了。"如果能这样就更好了，"爱泼斯坦后来回忆道，"但我没有强求，因为这些警卫'天使'似乎对我闯入教授的隐居点有些不满。"除此之外，还有一个问题。"我每天早晨工作两个小时，在第一次塑像的时候，烟斗里冒出的烟萦绕着教授，我什么也看不见。第二次时，我请他在休息的间隙再抽烟。"

没有了烟雾，这两位先生发现彼此挺谈得来。爱因斯坦非常和蔼可亲。他会讲笑话，在休息的时候，他会给爱泼斯坦拉小提琴，或是演奏那架突兀的钢琴。他告诉爱泼斯坦，纳粹正在全力诋毁他的工作。有一百位教授联合发表了一篇批判相对论的文章，但他反击说，倘若自己错了，那么一位教授就够了。他还反省了希特勒的行为如何加剧了他的犹太意识。

爱泼斯坦即便算不上英俊，至少也是很有魅力的。他的声音铿锵有力，还带着些许父母的波兰口音，他的穿着具有典型的艺术家风格，头戴贝雷帽，身穿一件几乎像长方形一样的大号深色西装。没过多久，他就和警卫们打成一片，到最后一天，他们在晚上甚至一起喝起了啤酒。

作为模特，爱因斯坦非常听话。年过五十的他，很满意自己的名望，而且乐在其中。他几乎会为每个请求为他创作的人坐下来，所以他对这类过程已经习以为常。爱泼斯坦对他很满意：

爱因斯坦经常身穿一件套头毛衣出现在人们面前，而他的头发则乱蓬蓬随地飘动。他的目光带着仁慈、幽默和深邃。这种目光让我很惬意。他有点儿像上了年纪的伦勃朗……他带着一种天真的好奇看着我工作，似乎感觉得到我在为他办好事。[275]

事实上，爱泼斯坦确实做了一些好事。人们通常认为，爱因斯坦的青铜半身像是他最好的作品之一。雕像很粗犷，线条浓重，凹凸不平，皮肤褶皱犹如山脊。这件作品和伦勃朗的自画像很像，只是伦勃朗时常表现出对生活的厌倦、对失败的漫不经心，而在爱因斯坦这里只有挂在嘴角上的微笑。爱泼斯坦成功地捕捉到了爱因斯坦的智慧，而他也明白，爱因斯坦离不开快乐。

第 75 个闪回　移居美国

1933 年 10 月，爱因斯坦在南安普敦登上了"西部世界"号远洋客轮，启程前往美国，他原打算第二年返回英国，在基督教堂学院再待一个学期。不过，他再也没有回欧洲。

幸好，爱因斯坦一家和海伦·杜卡斯很快就适应了美国的新环境。在普林斯顿住了一个月后，爱因斯坦评价那是一个"古雅而又讲究的村庄，里面尽是一些自负而又呆板的半神"[276]，不过他们依然喜欢这个地方，喜欢它的绿植、建筑，以及那淡淡的欧洲风情。

"通过忽略某些社会习俗，"他说，"我就能为自己创造一个不受干扰的研究氛围。"

自 19 世纪末、20 世纪初以来，当地的普林斯顿大学一直以其卓越的学术水平而闻名，特别是在数学方面，已然领跑世界。① 爱因斯坦喜欢在高等研究院中的自由，可以从事自己的研究，他认为这是美国人坚持我行我素的权利的体现，他们不需要遵从欧洲传统。1934 年 4 月，也就是仅仅 6 个月之后，爱因斯坦宣布他将无限期地留在普林斯顿。他被任命为高等研究院的正教授，年薪高达 16 000 美元。

---

① 普林斯顿大学和爱因斯坦所在的普林斯顿高等研究院是不同的机构，但在研究院成立的最初 4 年里，它的办公场所就在普林斯顿大学数学系（见《第 83 个闪回》）。根据作者研究，爱因斯坦决定定居普林斯顿，和大学的声望不无关系。——译者注

在很大程度上，普林斯顿的居民对这位著名的新住户很尊重，他们在社会通行的礼仪范围内给他独处的机会。尽管不是有意为之，但他如今的生活似乎更像是一幅自我讽刺画。关于他的轶事层出不穷，虽然其中有很大一部分是虚构的，但这些故事确实抓住了爱因斯坦的精髓。

人们都知道，爱因斯坦喜欢帮小学生做作业；在平安夜，他会从一群表演颂歌的人那里借一把小提琴，然后和他们一起四处巡游。他还养成了一个习惯：从高等研究院图书馆的书架上随机取一本书，随便从里面选一段话，然后回想自己在 3 个月前选过的那段话，如此循环往复。

有一个故事说，有次他被绊倒后掉进了一个暴雨排水沟，水沟很深，他的头和手臂冒出地面时像蘑菇一样，最后他不得不让当地的一名摄影师帮他一把才逃出来。还有一个故事是，有人打电话给高等研究院，想和院长通话，但电话那头说院长不在。然后，打电话的人又试探地问可否提供爱因斯坦博士的家庭住址。遗憾的是，这个信息也不能提供。

"请不要告诉任何人，"电话的那头低声说道，"我就是爱因斯坦博士。我正在回家的路上，但我也忘了自己的家在哪儿。"[277]

第 76 个闪回　量子纠缠

1935 年，爱因斯坦在偶然之间发现了一个他认为量子力学无法解释的问题。如果两个粒子简单地相互碰撞一下，然后继续各自运动，那么通过测量知道了一个粒子的动量，就能算出另一个粒子的动量，即使它们已经分开。这意味着，无须测量某个粒子，就可以知道它的一些情况。在量子力学的定律里，这种情况是不可能发生的。因此，量子物理学家不得不给出解释，为何测量第一个粒子的状况会对第二个粒子产生一定的影响，即使它们已经分开。爱因斯坦认为，这种说法很荒谬。他在给好友马克斯·玻恩的一封信里解释了自己的立场："物理学应该代表时间和空间的实在，它不受超自然作用的影响。" [278]——这句话如今很有名。

与爱因斯坦同时代的人为了解决这个问题，将这两个粒子视为相互"纠缠"，即互为一对。在某些方面，一对纠缠的粒子的行为就像同一个系统。爱因斯坦与他的同事鲍里斯·波多尔斯基（Boris Podolsky）和内森·罗森（Nathan Rosen）共同撰写了一篇论文——因他们的名字首字母而被称为"EPR 论文"。在这篇论文里，他们重点讨论了粒子的位置和动量，但解释纠缠效应的最简方法是讨论粒子的"自旋"。

电子的自旋可以有两种状态，"向上"或"向下"。我们不必深究其中的具体含义，重要的是知道，粒子的状态属于其中一种。在一对纠缠的粒子中，"向上"和"向下"自旋的粒子各有一个。这些属性并没有在粒子配对时就做了设定。也就是说，当它们在宇宙中穿行时，并非一个电子是"橙子状"，另一个电子是"苹果状"，它们是以一种被称为"叠加"的方式，不稳定地共有这两个特性。只有当其中一个粒子被测量，即与其他物质相互作用时，不稳定性才会终结。在那一刻，被测量的粒子将完全变成"苹果状"。而与此同时，另一个无法测量的粒子将完全变成"橙子状"。

这个理论很重要，是因为它的即时性：一个纠缠粒子自旋状态的信息一旦确定，好像会以比光速还要快的速度传递给与之纠缠的"姊妹"，无论它们之间的距离有多远——即使它们位于可观测宇宙的两端。对爱因斯坦来说，这种"非定域性"是不可接受的。他认为没有什么东西能够超过光速，甚至信息也不行，否则相对论就不成立了。对爱因斯坦来说幸运的是，很快就有人提出，这两个粒子应该被视为同一个物理实在，实际上它们之间并没有交换信息，也就是说，它们之间没有比光还快的信号。因为它们是同一个物理实在，所以不需要信号。相对论活了下来，尽管有些勉强。

然而，量子纠缠仍然是物理学的眼中钉，它至今尚未得到解决。对这一现象有很多不同的解释，但都无法做到一锤定音。也有很多人努力想要证明，纠缠粒子的自旋从一开始就是固定的，一个粒子一开始就是"橙子状"的，而另一个粒子则一开始就是"苹果状"的，它们并不是"叠加"的，这听起来似乎合乎逻辑。但这些人并没有成功。恰恰相反，纠缠是一种已被证实了的自然现象。它是量子计算机的工作原理，并且人们也已经拍摄到了正在纠缠中的粒子的照片。

爱因斯坦的批判主要集中在倘若遵循量子力学逻辑，就会导致古怪的结果，并以此证明该理论是荒谬的。他不相信纠缠真的存在，也不相信通过操控一个粒子可以瞬间影响另一个。但事实证明，这个世界远比爱因斯坦想象的要荒谬得多。

第 77 个闪回　艾尔莎离世

1934 年 5 月，就在爱因斯坦夫妇决定留在美国时，他们接到消息说，伊尔莎的身体快不行了。她一直被诊断患有肺结核，但实际上她得的是白血病，那时，她已经搬到巴黎和妹妹玛戈特住在一起。

艾尔莎是一个人乘船回欧洲的，当到巴黎时，她发现自己瘦弱的女儿已处于弥留之际。有一段时间，伊尔莎拒绝接受对症治疗，因为她相信自己的病主要是心病，所以她接受了很长一段时间的心理治疗。艾尔莎和玛戈特都爱莫能助，只能在她临终前陪在她身边。艾尔莎也一蹶不振。这次经历摧毁了她的精神，让她看起来一下子老了很多。

玛戈特离开丈夫，搬到美国与母亲和继父住在一起。1935 年 8 月，艾尔莎和爱因斯坦在普林斯顿买了一处房产，位置就在他们租的公寓对面。这间位于默瑟街 112 号的房子很简朴，外面围了一圈白色护墙板，已经有 120 年的历史了。房子由 4 根细方柱搭出一个小型门廊，美丽而不张扬，躲在低矮的花园树篱后若隐若现。他们用现金买下房子，还留了一些钱用于装修，艾尔莎负责此事，尽管她的健康状况也开始恶化。

搬到新家后不久，艾尔莎就意识到自己将不久于人世。她有一只眼睛很肿，曼哈顿的医生检查后认为是由心脏和肾脏问题导致的。医生要求她卧床休息，休养在一定程度上使病情有所改善，但她怀疑自己永远无法痊愈。1936 年初夏，他们在纽约以北 300 英里①的阿迪朗达克山脉的萨拉纳克湖边

---

① 约 483 千米。——译者注

租了一栋房子。艾尔莎相信，这样的环境有利于她的病情。"倘若伊尔莎现在走进我的房间，我马上就会好起来。"[279] 假期确实让病情有所好转，但并没有办法治愈她。

在艾尔莎生病期间，虽然爱因斯坦偶尔会为她读书，但更多时候，他仍在疯狂地工作，有时几乎不睡觉。艾尔莎告诉她的朋友安东尼娜·瓦伦丁（Antonina Vallentin），爱因斯坦受她病情的影响比她预想的要大。"他像一个迷失的灵魂一样四处游荡。"她写道，"我从没想过他会这么爱我。这让我感到很欣慰。"[280] 一到冬天，她又卧床不起了。艾尔莎于 1936 年 12 月 20 日病逝。在她去世时，爱因斯坦哭了。"噢，"他叹息道，"我会真的很想念她。"[281]

几天后，他脸色蜡黄、憔悴地回到办公室。即便如此，他的某位合作者甚至没有哪怕空洞地对他表示一下同情。相反，他们讨论了一个具体的研究问题，就像什么都没发生过一样。在妻子去世后的一个月里，爱因斯坦发表了两篇篇幅虽短但很重要的论文，不过，在一开始他确实没有办法集中注意力。

他在给汉斯·阿尔伯特的一封信里说他无法集中注意力。艾尔莎的离世，让他觉得生活不易。"但只要我还能工作，"他接着写道，"我就不能也不会抱怨，因为工作是唯一能让生活变得充实的东西。"[282]

第 78 个闪回　斯诺的回忆

1937 年的某个炎热的夏日，利奥波德·英费尔德（Leopold Infeld）和 C. P. 斯诺（C. P. Snow）开车前往爱因斯坦在长岛租来的度假屋去拜访他。英费尔德是一位波兰物理学家，当时正在普林斯顿与爱因斯坦合作研究一个描述恒星运动的方程。斯诺是剑桥大学的分子物理学家和小说家。

斯诺是这样描述这次邂逅的："近距离看，爱因斯坦的脑袋和我想象的一样硕大无比，还带着幽默的人性化色彩。他那布满皱纹的额头很宽广，白色的头发就像光环，巧克力色的眼睛也很大。"[283] 他回忆有人曾经说过，爱因斯坦的脸上散发着"优秀工匠的光彩，看起来就像是小镇上值得信赖的老派钟表匠在礼拜天收集蝴蝶"。

"让我吃惊的是他的体格。刚航海回来时，他除了一条短裤之外什么也没穿。他身材魁梧，肌肉发达，腹部和上臂都很结实，就像中年足球运动员，并且异常强壮。他热情、单纯，一点儿也不腼腆。"

他们开始交谈起来。爱因斯坦问斯诺，他是不是和平主义者。"绝不是。我解释道。那时我确信战争是不可避免的。与其说我担心战争，不如说我更担心我们可能会输掉战争。爱因斯坦点点头。"

天快黑了，而且很热——从呼吸就能感觉得到。虽然爱因斯坦不停地抽着烟斗，但吃得并不多。"一盘盘敞开式三明治，即各种各样的香肠、奶酪、黄瓜，时不时地送进来，都是中欧口味。我们只喝苏打水。由于天气炎热和吃了三明治，我口渴得像脱水，在 8 小时里喝下的苏打水比平时 8 个月喝的还要多。"

"我们谈论的主要话题是政治、所面临的道德和现实抉择，以及从即将到来的风暴中能拯救些什么，不仅是为了欧洲，也是为了全人类。他说话时总是带着道德经验的成分，它们在数量和范围上与我所经历过的都不一样……我就像是在和第二个以赛亚 [①]（Isaiah）对话。"

爱因斯坦谈到了他生活过的许多国家。他对它们的偏好与其大小成反比似乎成了一种规律。斯诺问，这是否意味着他喜欢英国？回答是肯定的，他喜欢英国。英国有点儿像荷兰，而他非常喜欢荷兰。

当问及从德国流亡后，他为什么没有选择英国时：

"是的，我没选英国！"

"为什么不选呢？"

"这是你们的生活方式。"他大声笑道，"虽然这种生活方式极好，但它不适合我。"

斯诺追问是什么意思，爱因斯坦回答说，他到英国的第一天就被带到了乡下的一处庄园，那里有管家，需要穿晚礼服。从那以后，他在英国的大部分时间是在基督教堂学院度过的，那里也到处都是管家，需要穿晚礼服。爱因斯坦似乎觉得，英国人整天都在换不同的衣服。斯诺想解释，但爱因斯坦不想听。爱因斯坦问斯诺，是否听说过德语单词 Zwang。他解释说这个单词意味着约束，是最广义的约束，形式可以包罗万象：智力的、情感的、社会

---

① 宗教里的先知。——译者注

的。他不想要 Zwang。

他们谈了好几个小时，直到斯诺看到天色变黑。"爱因斯坦谈论的是创造性存在的条件。他说，根据他的经验，最好的创造性工作永远不会在一个人不开心的时候完成。他几乎想不出哪个物理学家能在这种状态下做出出色的成果。这种情况也适用于作曲家和作家。"

"这似乎是一种奇怪而出人意料的评论。"

第 79 个闪回　宠物的故事

爱因斯坦在默瑟街 112 号的家里养了各种各样的宠物，而这些动物似乎在如何看待这个世界方面各有各的问题。

鹦鹉"毕波"是病秧子。爱因斯坦觉得可怜的毕波情绪低落，于是就给它讲笑话，想让它高兴起来。

狐狸狍"奇科"和马克斯兄弟①里一位演员的名字一样，不过它有点儿胖，毛发比较蓬乱。"这条狗很聪明。他认为我很可怜，因为我会收到很多信。它因此想去咬邮递员。"[284]

爱因斯坦的猫叫"老虎"，它是一个敏感的家伙。下雨时它会浑身不自在，爱因斯坦常常对它说："亲爱的，我知道问题在哪里，但我真的不知道怎么才能让雨停下来。"[285]

其实，爱因斯坦有时更喜欢动物而非人类。当爱因斯坦的朋友恩斯特·施特劳斯（Ernst Straus）养的猫生了幼仔后，爱因斯坦十分想去看看它们，在施特劳斯陪他回家的路上，爱因斯坦有些担心——原来施特劳斯的所有邻居都和他一起在高等研究院工作。"我们快点走吧，"他说，"我回绝了这里许多人的邀请，希望他们不会发现我来看过你的小猫。"[286]

---

① 美国早期喜剧演员，其中有一位叫 Chico Marx。——译者注

第 80 个闪回　反对种族主义

　　尽管爱因斯坦收到过很多荣誉学位，但他并没有亲自接受它们的习惯。然而，他在 1946 年 5 月为美国宾夕法尼亚州的林肯大学破了例，这是美国历史上第一所可以颁发学位的黑人大学。他从绿树成荫的普林斯顿来到这里，只是为了给大家上一堂关于相对论方程组的课，并做一次演讲。

　　他向全校师生宣布："我来这所大学是为了一项有意义的事业。在美国，有色人种和白人是有隔阂的。这种隔阂并不是因为有色人种有病，而是因为白人有病。我不想对此保持沉默。"[287]

　　爱因斯坦确实没有对种族问题保持沉默。在文章和演讲中，他公开挑战自己在美国发现的根深蒂固的种族主义。他支持著名的黑人知识分子，如 W. E. B. 杜波伊斯（W. E. B. Du Bois）和保尔·罗伯逊（Paul Robeson），他还加入他们的社团，并担任了美国废除私刑运动的联合主席。他不仅以这种公开的方式反对种族偏狭，而且在日常生活点滴里也充满了善意。

　　1937 年 4 月 16 日，著名女低音歌唱家玛丽安·安德森（Marian Anderson）来到普林斯顿，准备在当晚举办一场音乐会。当她去拿骚酒店预订晚上的住宿时，对方因为她是黑人而将她拒之门外。当爱因斯坦得知此事后，便邀请她前来同住。这两个人几年前曾在卡内基音乐厅的后台见过面，当时安德森的演出刚刚结束，于是短暂地交谈了一会儿。爱因斯坦喜欢她演绎的舒伯特的《死神与少女》，而安德森则欣赏他那善解人意的脸庞和浓密的白发，她觉得自己不如对方。

安德森一到默瑟街，爱因斯坦便亲自下楼迎接。玛戈特为客人准备了一个房间和一些食物，让她可以休息和梳洗。尽管爱因斯坦不像过去那样经常外出，但他还是参加了音乐会。据《普林斯顿人日报》报道，安德森在普林斯顿的麦卡特剧院的表演座无虚席，她"在艺术上出神入化地诠释了什么是美妙嗓音。从第一首亨德尔的咏叹调到最后一首黑人灵歌，安德森小姐的观众都心悦诚服。要评论这样的演出，很难不过度使用最高级形式的词语。很少有像她那样的声音，能把完美的智慧和对音乐的情感理解相结合"。[288]

音乐会结束后有一个招待会。当地的名人爱因斯坦自然也在邀请之列，不过正如安德森所说，"就算他缺席，也没人会觉得被冒犯了"[289]。但他只待了一会儿，就等着安德森跟他回家。此后，只要安德森来普林斯顿演唱，她都会住在默瑟街的爱因斯坦家里。

有一次，玛戈特让安德森用她的房间练习。出乎安德森意料的是，房间里还住着鹦鹉"毕波"（它会说"漂亮，真漂亮"和"给我一个轻轻的吻"）。晚上，毕波在自己的笼子里。然而，当安德森开始练习时，它像是不知道从哪里钻出来似的，开始跟着她"突……突……突……"地唱了起来，逗得安德森哈哈大笑。

第 81 个闪回　联邦调查局档案

美国联邦调查局存有关于阿尔伯特·爱因斯坦的档案达 1400 页之多。20 多年中，调查局一直密切监视着这位教授，有时候，他们会拆他的信，窃听他的电话，甚至闯入他的家。爱因斯坦的档案里也包括了特工在人们的交谈中听到的关于他的轶事，令人惊讶的是，这些内容几乎就是八卦和诽谤，例如：

据称，爱因斯坦是共产党总部的一名私人信使，他会把共产党需要传达的重要情报口头传递给美国各地的联络点。这些情报非常重要，不能用信件、电话、电报，以及其他通信方式，由于爱因斯坦是一个坚定的共产党员，因此让他做私人信使。[290]

另一份笔记表明，汉斯·阿尔伯特曾被苏联人当作人质，并以他为筹码，胁迫爱因斯坦参加共产主义活动。不过，当人们发现汉斯·阿尔伯特并不像调查局以为的那样在苏联，而是加州大学伯克利分校的一名教授时，调查便马上停止了。

特工们会验证与调查对象有关的各种消息来源。令人意想不到的是，在爱因斯坦的档案里，几乎没有关于他的政治材料，但确实有这样一份报告，它是根据某位特工在报纸上看到的一篇文章改写的：

爱因斯坦是众多杰出的德国人之一，在希特勒崛起前，这些人利用自己的影响力和声望支持德国共产党……1947 年，爱因斯坦宣称，在法国，有坚实组织和明确纲领的真正政党只有共产党。1948 年 5 月，他和"10 名前纳粹研究智囊"举行了一次秘密会议，讨论了一种新型光束秘密武器，这种武器可以从飞机上操作，用于摧毁城市。

并没有关于这种致命的光束武器的进一步信息，因为，正如文件所说的，"陆军情报部门随后告诉当局，这个信息可能没有确切的证据"。

有时候，普通民众也会给联邦调查局写信提供信息和线索，它们通常只是一些怀疑。如果某个函件有用，那么它就会被收录。因此，在爱因斯坦的档案里有一张署名"一个美国人"的明信片，上面的信息很丰富：

有爱因斯坦这样的人物在，我们使用原子能会安全吗？小心他。（又及：飞碟是苏联的一个小实验，其目的是在以后可以实验比飞碟大 1000 倍的碟形物体。）

第 82 个闪回　启发魏德曼

爱因斯坦（1939 年）

　　剧作家杰罗姆·魏德曼（Jerome Weidman）年轻时，曾受邀参加过一位著名慈善家在纽约家里举办的室内乐晚会。他并不怎么期待这次活动，因为他几乎五音不全，而且一直觉得欣赏音乐很难。他在大客厅里坐下后，乐队开始演奏，而他则完全沉浸在自己的世界里，只是尽可能地表现得自己像是在沉思。乐队演奏结束，他便和大家一起鼓掌。

　　一个温柔的声音在他的右边问道："你喜欢巴赫？"

　　这位邻座就是阿尔伯特·爱因斯坦。

　　魏德曼不喜欢巴赫，他对巴赫一无所知。他想回答得礼貌些，却语无伦次。这只是一个礼节性的问题，他本可以简简单单地以相同方式回答，客客气气地少说几句。然而，看着爱因斯坦的眼睛，魏德曼知道对方会把自己的回答当真。他觉得自己没法瞎说。

"我对巴赫一无所知，"他尴尬地回答道，"我从来没听过他的音乐。"

爱因斯坦很惊讶。

"我倒不是不想喜欢巴赫，"魏德曼连忙补充，"只是我不通音律，从来没有真正欣赏过任何人的音乐作品。"

此刻，爱因斯坦开始关心起来。"你愿意和我一起走吗？"他说。

伴随着人们困惑的目光和悄无声息的猜测，爱因斯坦挽着魏德曼的胳膊，带他走出拥挤的房间。他们上楼走进书房，爱因斯坦松开了他的新朋友，把门关上。

"现在请你告诉我，你对音乐有这种感觉多久了？"

"从一生出来就这样。我希望您下楼去欣赏音乐，爱因斯坦博士。就算我不喜欢也没关系的。"

"那么请你告诉我，你有喜欢的音乐吗？"

"嗯，我喜欢有唱词的歌，喜欢那种我能跟上旋律的音乐。"

他笑了起来，说道："你能不能给我举个例子？"

"几乎所有平·克劳斯贝（Bing Crosby）的作品。"

"好！"

爱因斯坦走到留声机前，翻起了主人的唱片目录。"啊！"

他放起了平·克劳斯贝《黑夜的蓝色遇上白天的金色》（*Where the Blue of the Night Meets the Gold of the Day*）的唱片。爱因斯坦很高兴，他朝魏德曼笑了笑，像是在鼓励他，随着音乐的旋律，他不停地用烟斗打着节奏。过了一会儿，他停了下来。

"请你告诉我，你刚才听到了什么，好吗？"

魏德曼试着复述出了歌词。当他念完，爱因斯坦大喜过望。

"你看！你的耳朵还不错！"

随后，他们两人又听起了其他唱片——约翰·麦科马克（John McCormack）的《号手》，还有一部独幕剧的副歌。

"太好了，太好了。"当魏德曼设法重复他刚刚听到的那串音符时，爱因斯坦说。"现在我们继续！"他们连着听了一张又一张唱片。当魏德曼可以哼唱一些无词音乐时，他们便停了下来。他无法相信爱因斯坦对他报以如此真诚的关注。

"好了，年轻人，"爱因斯坦说，"我们已经准备好欣赏巴赫了！"

他们回到客厅后不一会儿，乐队便重新开始了演奏。

"你只要放松地听，"他轻声安慰道，"就可以了。"

魏德曼听着巴赫的《羊儿可以安静地吃草》。

这一次他的掌声很真诚。

乐队演出结束后，邀请魏德曼和爱因斯坦的女主人来到他们旁边。

"很抱歉，爱因斯坦博士，"她直接说道，"您错过了这么多表演。"

"我也很抱歉，"爱因斯坦回答道，"不过，我和这位年轻朋友却做了人类所能从事的最伟大的事业。"

"真的？是什么呀？"

"我们开启了另一片美丽的新天地。"[291]

第 83 个闪回　1939 年在办公室的一天

在办公室的一天（1939 年）

默瑟街 112 号的早晨，玛雅、玛戈特、海伦和爱因斯坦围坐在餐桌旁，喝着最后上的咖啡。爱因斯坦穿着西裤和宽松的白衬衫，衬衫的领子被厚实的罗纹套头衫压着。他嘴里叼着烟斗，因为医生多次让他戒烟，所以他只能焦躁不安地用牙咬烟嘴，以寻觅一丝快乐。

用完早餐后，她们祝他工作顺利，而他则不慌不忙地穿过小门廊，走下三级台阶，穿过院门，走到默瑟街上。街道两旁的树木最近长出了新叶，邻居们的花园生机勃勃。大约 5 分钟后，他在通往市镇的路上被一个女人拦住。女人责备他给邻居的孩子树立了坏榜样，她的女儿就是不肯听话穿袜子，因为孩子知道他不穿袜子。爱因斯坦表示理解对方的心情，但他为自己的立场和她女儿的聪慧做了解释：穿袜子是完全没有必要的。

经过麦卡特剧院，再往前走 10 分钟，就到了费恩厅。那是一栋新哥特式的红砖建筑，属于普林斯顿大学数学系。这栋建筑虽建于 1931 年，却有橡木镶板、含铅玻璃窗和一间公共休息室，休息室还配置了棋牌桌和皮扶手椅。它是高等研究院的临时办公地，而高等研究院自己的校园则将在秋季竣工。

此时，爱因斯坦的两个助手已经在他的办公室了。

"早上好，先生们。"他打招呼道。

他的助手一个叫伯格曼（Bergmann），另一个叫巴格曼（Bargmann）。他们向他回礼道："早上好，教授。"

爱因斯坦在书桌后坐下，在一大堆文件中翻找起来。不久前，他不得不放弃已经研究了 6 个月的统一场论的尝试，伯格曼和巴格曼似乎一直沮丧到现在。不过他一点儿也不介意。他们正在研究一种新的方法，爱因斯坦确信自己找到了正确的方向。他告诉伯格曼和巴格曼，他的新想法真的"非常简单，不可能有错"[292]。他的微笑、幽默感和决心很快就感染了助手们。

公共休息室在上午是有茶歇的。今天，大多数人都来了。爱因斯坦和赫尔曼·外尔（Hermann Weyl）、奥斯卡·摩根斯特恩（Oskar Morgenstern）、约翰·冯·诺伊曼（John von Neumann）、尤金·维格纳（Eugene Wigner）都端着瓷杯碟，像同事一样①谈论着他们的工作和其他事情。

爱因斯坦没有看到尼尔斯·玻尔，这让他很高兴。玻尔到访普林斯顿已经大约一个月了，但爱因斯坦一直躲着他。当然，他们有过一些简短的谈话，但没有像往常那样讨论量子世界的问题，也没有讨论来自欧洲的消息：在玻尔到美国之前，德国物理学家奥托·哈恩（Otto Hahn）和弗里茨·斯特拉斯曼（Fritz Strassmann）用中子轰击铀原子，并将其成功分裂。此后，研究人员们开始疯狂撰写关于这种被称为"核裂变"的论文。爱因斯坦谈到在最近的一次演讲里自己对统一场论的最新尝试，玻尔也参加了那次演讲。他盯着玻尔，说自己一直试图用这种方法来解释量子效应，想看看会是什么样。之前的争论已经没什么可谈的了。

---

① 这些人并不都在普林斯顿高等研究院。——译者注

当爱因斯坦回到办公室，很快就把一天的事做完了，而书桌也比之前更乱。毫无疑问，最终会有人提醒他这点。对此，他会一笑了之。他会和三四个同事一起走回家吃午饭，同时进行热烈的讨论。他们会在他的房子外面驻足，在正午的阳光下继续认真地探讨一会儿，然后各自散去，留下他独自站在人行道上。他会因回味谈话内容而失神，不经意地踱回高等研究院，直到杜卡斯小姐出来找他，让他回家吃饭。

午餐是令人垂涎的通心粉，这让他回忆起很久以前在米兰和家人共度的时光。杜卡斯向爱因斯坦报告自己一天的情况，并给他一些她认为值得他亲自一读的信件。她和他说，有一封信是爱德华寄来的，并告诉他信的大致内容。这封信可以等到他能坦然面对的时候再回。

接着，爱因斯坦会和妹妹玛雅聊会儿天，妹妹现在有点儿烦躁，因为她最近发现自己喜欢吃热狗，而她标榜自己是一个素食主义者。爱因斯坦不想看到她焦虑，于是告诉她从今往后，香肠算是蔬菜。妹妹对这个说法很满意。

他们会聊到德国，当然也包括希特勒和即将到来的战争。他们担心玛雅的丈夫保罗·温特勒（Paul Winteler）、米凯莱·贝索和他的妻子安娜，不知道他们在墨索里尼统治下的意大利过得如何。爱因斯坦很感激玛雅能够离开佛罗伦萨和他在一起。他也很高兴汉斯·阿尔伯特搬到了美国。玛雅说，汉斯马上就要 35 岁了。而爱因斯坦则会询问自己儿子的生日是什么时候。

爱因斯坦为自己无法再像过去那样为来自欧洲的移民做那么多而感到伤感。为了鼓励美国人帮助受迫害的欧洲犹太人，他设立了一项计划，结果不了了之。几年来，他一直通过贷款支付旅费、赠予金钱，或提供一份证明对方人品的证言，努力帮助个人移民美国，但现在，他的钱已经花完了。

　　然后，爱因斯坦开始说得越来越少——他的思想已经游移到别的地方。小睡片刻后，他会一直待在书房里直到深夜，其间，只停下来吃一顿清淡的三明治晚餐。倘若他对这个新的场论多做一些研究，他就有可能成功，从而证明自己是对的。

第 84 个闪回　航海轶事

戴维·罗思曼和爱因斯坦在拿骚角的马蹄湾（1939 年）

　　1939 年暑假，爱因斯坦住在长岛北部。一天，他在绍斯霍尔德小镇游玩时，走进了当地的一家五金店，询问是否可以买一些日晷（sundials）。店主戴维·罗思曼（David Rothman）遗憾地表示他不卖这些东西。但他接着又说，他的花园里倒是有一只。他把教授带到花园，指着那只日晷问行不行。爱因斯坦放声大笑，最后抬起脚告诉他什么是"日晷"。因为爱因斯坦带有浓重的德国口音，搞得罗思曼前面没理解对方其实想要的是一双凉鞋

（sandals）。[293]

这两个人成了朋友。罗思曼过去常常召集当地的音乐家组成弦乐四重奏，在他家举办音乐之夜活动，爱因斯坦成了他的常客和参与者。有一次，年轻的本杰明·布里顿（Benjamin Britten）也加入其中。在男高音彼得·皮尔斯（Peter Pears）唱歌时，布里顿会和爱因斯坦分别用钢琴和小提琴为他伴奏。两位音乐家都记得爱因斯坦的音有些不准。

在拿骚角，爱因斯坦住在一块延伸到小皮科尼克湾的楔形土地附近，那里有小小的海滩、稀疏的树林和一大片平缓的海湾，周围都是芦苇、树木和木制码头。他从当地一位医生那里租了一间普普通通的房子——房高两层，屋顶很低，有一个门廊，从房子的高处可以望到大海。

爱因斯坦喜欢在周围的树林里散步，思考如何统一所有的力，担忧纳粹主义的崛起，他偶尔会引起当地人的注意，但他们并不会影响他。好在他在那里的日子并不孤单，因为他的家人也在。曾获得两次奥斯卡奖的女演员路易丝·赖纳（Luise Rainer）和她的丈夫、剧作家克利福德·奥德兹（Clifford Odets）也在那里游玩。显然，爱因斯坦和赖纳互动得过于频繁，惹得奥德兹把他的脑袋从一些度假照片上剪了下来。

爱因斯坦来拿骚角主要是为了航海。除了音乐，航海能让他享受到最纯粹的乐趣，尽管他不会游泳，也从来不想学。他的小帆船"Tinef"经常翻船，长岛的孩子们只能去救他。Tinef 在西意第绪语里大意为"垃圾"。他曾经试着和妹妹玛雅一起航行到绍斯霍尔德，这样罗思曼就可以帮他打理船只，但他把船开过了头，完全错过了那里。最后，这对兄妹在海上漂流了 9 个小时才最终被人发现，其间没有吃任何东西。

大多数时候，爱因斯坦会让他的船在田园诗般的皮科尼克湾水域内自由漂泊，而他则沉浸在自己的思考和计算中。但当他有心情娱乐的时候，会驾船冲向其他船只，直到最后一刻才转弯，然后笑话受惊的本地水手。

第 85 个闪回　与罗斯福会晤

1939 年 10 月 11 日星期三，大约下午三点，亚历山大·萨克斯（Alexander Sachs）被带进了椭圆形办公室，拜见富兰克林·D.罗斯福（Franklin D. Roosevelt）总统。

"亚历克斯①，"总统招呼他道，"你最近在忙什么？"[294]

萨克斯以一个寓言作为开场白，自从他们认识以来，这已经不是第一次了。他说，曾经有一位发明家拜访拿破仑，号称他能造出不需要帆，而且不受风影响的船。有了这种船，无论天气怎样，拿破仑都能进攻英国。"放屁！"拿破仑回答道，然后生气地把发明家赶走了。确实存在不需要帆的船。萨克斯的这个故事的妙处就在这里——和拿破仑说话的发明家是罗伯特·富尔顿（Robert Fulton），他正是蒸汽船的发明者。萨克斯接着说，他接下去对罗斯福说的话的重要程度，和富尔顿的一样。

萨克斯伸手去取他带来的文件——一封阿尔伯特·爱因斯坦的加急信。

几个月前，两位来自匈牙利的难民、物理学家利奥·西拉德和尤金·维格纳驱车前往长岛，寻找正在度假的爱因斯坦。他们需要他的帮助。当时的人们越来越确信，铀元素可以用来制造一种威力超群的炸弹，他们担心德国正尽力购买大量铀元素。西拉德和维格纳认为，阻止这种情况的最好办法是请爱因斯坦给他的朋友比利时女王伊丽莎白写信，因为在比利时的

---

① 亚历山大的昵称。——译者注

殖民地刚果刚刚发现了当时最大的铀矿。通过请爱因斯坦给"亲爱的女王"写信，希望他能劝比利时政府不要把铀元素卖给德国。

西拉德和维格纳开着车四处转悠，向当地人打听爱因斯坦博士的住处，他们最终找到了他。在炎热的 7 月中旬，他们坐在爱因斯坦租来的房子的小门廊里，向他说明了他们的忧虑，并讲述了用铀元素产生链式爆炸反应的过程。

他们只花了不到 15 分钟，就让爱因斯坦明白了这种技术的含义，他同意给自己认识的比利时部长——而不是王室成员——写一封信。维格纳理智地指出，倘若三个外国难民要就国防问题写信给第三国家的政府，那么也许通过美国国务院更合适。于是，爱因斯坦用德语写了信的草稿，维格纳将其翻译后给了西拉德。他们的共同朋友萨克斯也参与了进来，他建议直接把这封信送到白宫。

因为信件的读者发生了变化，所以爱因斯坦和西拉德将原稿做了修改。于是，信件讨论的不再是刚果铀矿和比利时的出口问题，而是呼吁美国总统考虑核武器的可行性：

我相信……我有责任提请您考虑下列事实和建议：

在过去的 4 个月里，经由法国的约里奥（Joliot）以及美国的费米（Fermi）和西拉德研究，用大量铀元素制造出核链式反应，从而产生巨大的能量和大量新的类镭元素已经成为可能。现在看来，几乎可以肯定的是，这在不久的将来便会实现。

这种新现象也会用于炸弹制造，而且，虽然还不太确定，但可以想象，由此或许能制造出一种威力极大的新型炸弹。一枚这样的炸弹，若是在港口的船上爆炸，很可能会摧毁整个港口和附近区域。不过，这种炸弹很可能太重，故而不适合空运。[295]

爱因斯坦接着指出，世界上最好的铀资源在哪里，并警告说纳粹似乎正在竭尽全力地储备铀元素。"据我所知，"他写道，"德国实际上已经下令停止出售其统治下的捷克斯洛伐克的铀矿了。"[296] 爱因斯坦建议美国政府多多购置铀元素，同时与从事核链式反应研究的科学家们取得联系，从而加快该领域的实验工作。

"亚历克斯，"萨克斯读完爱因斯坦信件的摘要后，总统一边喝着白兰地，一边说道，"你要做的，是确保纳粹不会把我们炸飞。"[297]

"正是如此！"

罗斯福叫来了他的私人助理埃德温·沃森（Edwin Watson）将军。"爸①，"他说，因为大家都是这么称呼这位将军的，"这件事要行动起来。"

---

① 埃德温·沃森将军因其老父亲般的工作方式和智慧，获得了外号"Pa"。——译者注

第 86 个闪回　移民手续

1934 年 4 月，在纳粹正式剥夺爱因斯坦的德国国籍前不久，美国国会提出了一项让他入籍的联合决议。正如决议指出的，他们这样做的理由是爱因斯坦是公认的"学者和天才"[298]，他是一位受人尊敬的人道主义者。

爱因斯坦拒绝了这项提议。事实上，他为此感到难过和尴尬。他只希望自己得到和其他新移民一样的待遇，不包括额外的荣誉和福利。因此，当爱因斯坦决定在普林斯顿定居时，他开始按照正常流程申请美国公民身份。由于他仍是瑞士公民，因此这样做并不合法，但他想这样。

爱因斯坦所需的移民签证只能向美国大使馆申请，而离他最近的大使馆恰好就在百慕大。因此，1935 年 5 月，他和家人乘船去岛上待了几天，这也是他最后一次离开美国。当他们到达哈密尔顿①时，当地的皇家总督迎接他们，并推荐了岛上最好的两家酒店。爱因斯坦随即表示了对浮华的不满，全家最后在一家小招待所里住了下来，那里是他们在首府闲逛时发现的。

爱因斯坦收到了许多官方舞会和招待会邀请，但他都谢绝了，他更喜欢探索这座岛屿，还有和他在一家餐馆遇到的某位德国厨师一起航行。当他出海 7 个小时仍未归来时，艾尔莎开始担心那位厨师是不是纳粹的支持者，绑架了她的丈夫。然而，当她匆匆赶到厨师家，却发现他们两人正在愉快地享用德国菜大餐。

---

① 百慕大是英国的海外领地，哈密尔顿是首府。——译者注

爱因斯坦并不擅长填写各类表单。在意向声明中，爱因斯坦把他和艾尔莎结婚的年月填错了。他还搞错了艾尔莎的出生日期和地点，以及汉斯·阿尔伯特和爱德华的生日。尽管有这些错误，但大使馆还是处理了他的申请。5 年后，他在新泽西州的特伦顿参加了入籍考试。

作为申请过程的一部分，他同意在考试后接受移民局的广播节目《我是美国人》的采访。在采访过程中，他认为，为了实现一个没有战争的未来，包括美国在内的所有国家都必须将部分主权交给一个能掌控其所有成员国军事力量的全球性组织。

1940 年 10 月 1 日，爱因斯坦和玛戈特、海伦·杜卡斯以及其他 86 人一起宣誓入籍。他向报道这一事件的记者赞美了他的新祖国。他说，民主不仅仅是一种政府制度，而且是"一种与伟大传统和道德力量相结合的生活方式"[299]。

第 87 个闪回　和玻恩的通信

格兰奇小路 84 号

爱丁堡

1944 年 7 月 15 日

亲爱的爱因斯坦……

去年冬天我有点儿崩溃，到现在还没有完全恢复。原因很多：有些劳累过度，加上战争带来的常规压力，还有欧洲犹太人的灭顶之灾，我儿子被转移到了远东（他经历了许多冒险，目前很安全，正在印度普纳上着病理学课程），等等。但最令人沮丧的想法总是围绕着我对科学的感受，它本身是如此美丽，可以造福人类社会，但如今已经堕落到除了为毁灭和死亡提供帮助之外，什么都不是。大多数德国科学家曾与纳粹合作过，甚至海森堡（我从可靠的消息来源得知）也曾全力服务于这些恶棍——例外的只是少数人……英国、美国和苏联科学家都被充分动员起来，也是为了这个。我不怪任何人。因为在目前这种情况下，没有别的办法可以拯救我们剩下的文明……一定有办法避免这种事情再次发生。我们科学家应该团结起来，帮助建立一个合理的世界秩序。如果你有什么明确的计划，请告诉我。我没什么力量，在这个宜人却落后的地方……现在的英国，与人保持联系很难。只有在最紧急的情况下才可以出行，而在南方召开的会议更是受限于空袭炸弹。

但是，军事形势很好，我们希望欧洲地区的战争能很快结束……

我和我的中国学生彭^①正在一起试着改进量子场论，他是一个优秀的人，我认为我们的研究方向是正确的。与此同时，薛定谔改进了你和其他人用经典方式统一不同的场的尝试。我认为下一步应该是将这两种方法结合起来。但我太老了，也太累了，对此已是无能为力。

致以亲切的问候和良好的祝愿。

你的，

马克斯·玻恩

1944 年 9 月 7 日 ^[300]

* * *

亲爱的玻恩：

很高兴收到你的来信，但令我吃惊的是，我觉得有必要给你回信，虽然没人这样要求我……

你还记得 25 年前，我们曾一起乘有轨电车去国会大厦的情景吗？我们深信，我们能帮助那里的人民转变为忠诚的民主主义者。40 岁的我们是多么天真啊。我一想到这件事就忍不住要笑……

现在，我必须重提此事，以免我们重蹈当年的覆辙。我们真的不应该惊讶，科学家（他们中的绝大多数）也不例外，如果他们不同，那并不是因为他们的推理能力，而是由于他们的个人地位，就像劳厄一样。看到他在强烈的正义感的感召下，一步一步地从禽兽般的陋习中脱身，是很有趣的。医务人员在道德规范方面的表率少得惊人……对该做什么和不该做什么的

---

① 即彭桓武（1915 年 10 月 6 日—2007 年 2 月 28 日），中国物理学家，"两弹一星"功勋奖章获得者，此时正在老师玻恩这里学习。——译者注

感觉就像一棵树的发芽和凋敝，任何肥料都不会有什么作用。个人所能做的，就是树立一个好榜样，并且有勇气在一个犬儒社会中坚守道德信念。很长一段时间以来，我一直试图这样做，而且小有收获。

你说"我太老了……"我是不会太当真的，因为我自己也深有体会。它有时（频率越来越高）会冒头，然后又消失。毕竟，如果大自然不喜欢用更快的方式，那么我们大可静静地等待，让它慢慢把我们变成尘埃……

在对科学的期望方面，我们正好相反。你相信掷骰子的上帝，而我相信客观存在的世界中完备的定律和秩序……即使量子理论最初取得了巨大成功，也没有让我相信这种基于掷骰子的基本原理，尽管我很清楚，我们的年轻同事把这解释为我老了……

向你和你的家人致以亲切的问候（现在已经摆脱了空袭炸弹），

你的，

阿·爱因斯坦[301]

第88个闪回　回形针轶事

20世纪40年代中期的某个时候，爱因斯坦和他的助手恩斯特·施特劳斯刚刚准备好一篇论文。他们想找一枚回形针，把他们辛苦完成的工作别在一起。两人把各种抽屉都翻了个遍，终于找到了一枚已经变形的回形针——它已经不能用了。这枚回形针可能是用来别厚文档的，因为他们没办法徒手将其复位。爱因斯坦和施特劳斯转而开始寻找一种可以把它拉直的工具。在寻找的过程中，他们在偶然间发现了一盒崭新的回形针——它们闪闪发亮。爱因斯坦从盒子里取出一枚，开始把它做成可以拉直那枚旧回形针的工具。施特劳斯问他到底在忙什么，爱因斯坦回答道："我一旦确定了一个目标，就很难改变。"[302] 他想了一会儿，然后又说道："这件事会变成我的一段佳话。"

第89个闪回　玻尔到访

1949 年春天，尼尔斯·玻尔拜访了普林斯顿高等研究院 [303]。当来到朋友和老同事亚伯拉罕·派斯的办公室时，他开口道："你真聪明……"派斯笑了，马上明白了他想要什么。众所周知，玻尔不善言辞，至少在写东西的时候是这样，他经常发现，要是有人帮助他厘清如何表达自己的想法会很有用。玻尔同意写一篇论文来庆祝爱因斯坦的 70 岁生日，但他在写这篇文章的时候遇到了困难。这并不是他第一次请派斯当参谋。

两人下楼回玻尔的办公室，其实那根本不是玻尔的办公室——这是他在访问期间从爱因斯坦那里借的。爱因斯坦觉得房间太大，他宁愿在隔壁那间原本属于助手的小办公室里工作。玻尔大步进门，对派斯说："你快坐下。我的坐标系总是需要一个原点。"派斯同意了，他在一张大桌子旁坐下，玻尔则微微弯腰，焦躁地踱来踱去，想挤出几个句子。只要一说出来，派斯便会把它们记下。整个过程并不快。玻尔会在一个词上卡几分钟，而他接下来想说的话有时候像是从嘴里掏出来的。

很自然，玻尔在写这篇关于朋友爱因斯坦的文章时，曾一度停在"爱因斯坦"这个词上。他走得飞快，几乎是在绕着桌子跑，他开始不断重复："爱因斯坦……爱因斯坦……爱因斯坦……"过了一会儿，他走到窗前，望着窗外的普林斯顿校园，嘴里还念叨着："爱因斯坦……爱因斯坦……"

派斯发现门轻轻地打开了。爱因斯坦蹑手蹑脚地走进办公室，把手指放在嘴唇上，示意派斯别出声。爱因斯坦调皮地笑着，继续踮着脚尖朝桌子走去。此时，玻尔仍然站在窗边，房间里只有："爱因斯坦……爱因斯坦……爱因斯坦……"当他突然转身走向房间中央，最后有力地喊了一声"爱因斯坦"时，却发现自己与爱因斯坦本人正面对面，仿佛是他用魔法把对方召唤到了眼前。

很少失去镇定的玻尔面红耳赤。爱因斯坦解释说，他是来找玻尔的烟罐的，罐子正放在大桌子上。他告诉玻尔，医生禁止他吸烟。和往常一样，他把这句话理解为，虽然他再也不能买烟草，但偷是没关系的。他们三个顿时大笑起来。

第 90 个闪回　反对麦卡锡主义

1950 年 2 月，参议员约瑟夫·麦卡锡（Joseph McCarthy）在西弗吉尼亚州的惠灵市发表演讲时，向听众展示了一张纸。他宣称，上面的 205 名国务院工作人员都是共产党员。如今看来，这是一个谎言。

在接下来的几个星期里，号称在岗的颠覆分子的人数忽多忽少。一会儿是 57 个，然后涨到 81 个，而有时却只有 10 个。然而，真相并不重要。麦卡锡的演讲引起了美国人民的关注，进而引发了恐慌。毕竟，美国的冷战外交政策刚刚遭受到一系列冲击，比如，苏联成功试爆了核武器。

麦卡锡关于政府内部有共产党员的说法，被共和党当作重新获得政治权力的武器。1952 年，共和党取得压倒性胜利，赢得了众议院、参议院的控制权和总统宝座。麦卡锡被提名为一个常设调查小组委员会主席，该委员会负责铲除可疑的共产党人，而范围不仅包括政府，而且涵盖社会的大部分领域。

麦卡锡对清除教育系统中他认为与自己的理念为敌的人特别感兴趣。基于此，1953 年 4 月，小组委员会传唤了在布鲁克林一所高中教书的威廉·弗劳恩格拉斯（William Frauenglass）。委员会认为他是一个不忠诚的美国人，因为他在 6 年前曾为其他老师开过一门名为"跨文化教学技巧"的课程，该课程的目的在于探索教师如何在课堂上缓解因跨文化和跨种族而形成的紧张关系。一名证人声称，这门课程的教义"有违美国的利益"。当弗劳恩格拉斯被问及自己属于哪个组织时，他拒绝回答。

弗劳恩格拉斯写信给爱因斯坦，请他发表一份声明，以获得教育工作者的支持。在一封公开信中，爱因斯坦建议弗劳恩格拉斯拒绝作证。"这种调查违反了宪法精神。如果有足够多的人准备迈出这重要的一步，他们就会成功。否则，这个国家的知识分子就必须准备好接受戴上枷锁。"[304] 爱因斯坦向弗劳恩格拉斯保证，为了保护被患有妄想症的政府所威胁的自由，他很乐意坐牢。

麦卡锡很不高兴。他说，所有建议公民对政府保守秘密的美国人，不管他是谁，都是坏美国人，是不忠诚的美国人，是"美国的敌人"[305]。许多人把麦卡锡的话牢记在心，高等研究院收到了一些信，批评爱因斯坦不像美国人，并建议他搬到苏联。爱因斯坦不为所动，继续大声疾呼。他警告说，如果继续攻击教学自由和言论自由，那么民主便不会持续太久。

笼罩在美国的审讯异端的气氛，让爱因斯坦想起了自己在 20 世纪 30 年代初离开的德国。事实上，爱因斯坦对当时针对教师和科学家的政治氛围非常反感。1954 年，他在一封给某家杂志的信中半开玩笑地写道："我宁愿选择当一名水管工或小商贩，只是为了在目前的环境下仍能保持适度的独立。"[306]

可以料想，来自美国各地的水管工对爱因斯坦做出了回应。芝加哥水管工工会授予他会员资格，并给他邮寄了一套工具。在纽约，某个颇有事业心的水管工斯坦利·默里（Stanley Murray）给他写信提议道：

由于我的志向一直是成为一名学者，而您似乎想成为一名水管工，因此我认为如果我们组成团队，会取得巨大的成功。这样我们就可以既拥有知识又保持独立。

我准备把公司的名字改成：爱因斯坦和斯坦利管道公司。[307]

第 91 个闪回　哥德尔

库尔特·哥德尔和爱因斯坦在普林斯顿（1954 年）

　　一般认为库尔特·哥德尔（Kurt Gödel）是有史以来最伟大的逻辑学家，他最大的成就是提出两个不完备定理。概括地说，它们证明了在任何数学系统中，总是存在一些关于数的命题，在遵循系统预设的规则时，这些命题是无法被证明的。简言之，我们可以说哥德尔成功地证明了并非所有数学都是可以被证明的。虽然这个结果令人惊讶，但它并没有真正影响数学家的日常研究，不过，它确实对整个数学哲学产生了影响，而且，和相对论一样，它有助于形成一种崇尚理性的氛围，这种氛围在 20 世纪上半叶非常流行，即可靠的基础和已知的知识远没有想象的那么严密。

人们都觉得和哥德尔交谈是一种可怕的经历。每当高等研究院的同事带着某个话题来找他讨论时，不管话题是什么，他们都会发现他似乎已经考虑过了，而且想得很远，远到他已经看到了结果，所以可以抢别人的任何话头。虽然他最喜欢的电影是《白雪公主和七个小矮人》，然而他总是穿得很讲究，据说也没什么幽默感。他有疑病症和妄想症，以至于当这位著名的数学家在城里时从不肯踏出家门，因为担心有人可能会把他杀了。他和妻子曾搬过好几次家，因为他觉得电器会散发出难闻的气味，他还相信存在鬼魂。哥德尔在晚年很少吃东西，除非他的妻子先尝过，否则他不会吃。大多数时候，他靠婴儿食品及自己开的通便剂和抗生素生存。

虽然如此，阿尔伯特·爱因斯坦是哥德尔在高等研究院的好朋友。他们会一起步行上下班，讨论想法。爱因斯坦曾经开玩笑地说，他去上班的唯一原因就是可以和哥德尔同行。和爱因斯坦的许多同事不同，哥德尔可以毫不费力地与他辩论。他们讨论的事情之一就是时间。哥德尔对时间非常感兴趣，他发表了一篇关于广义相对论的论文，在论文中他提出了爱因斯坦场方程组的一个解，这个解描述了一个旋转的宇宙。他成功地证明，在这样的宇宙里，时间旅行是可能的，它和相对论是一致的。然而，哥德尔这样做并不是为了证明时间旅行的想法。他的论点是，倘若荒谬的时间旅行可以存在——哪怕是在一个假设的宇宙里，那么时间本身就不可能存在。

1947 年底，哥德尔需要参加为自己获取美国公民身份而举行的听证会[308]。他为这次活动做的准备特别充分——事实上，准备得太充分了。在听证会前的几个月里，他自学了北美殖民地历史，并由此了解了美洲土著部落的文化和历史。他详细研究了普林斯顿市，知道市长是谁，市议会是如何运作的，自治区议会是如何选举产生的，等等。他还很认真地想要全面理解美国宪法，并为发现其中的逻辑漏洞而感到兴奋（可能是被吓坏了）。他相信自己发现了一种可以在遵守宪法的前提下，合法地在美国建立一个法西斯独裁政权的方法。他认为在听证会上提出这个问题会很棒。

爱因斯坦和哥德尔的另一位朋友奥斯卡·摩根斯特恩也会在听证会上作证。他们认为在公民听证会上提及在美国实施独裁的可能性，并不是一件好事。摩根斯特恩开车带哥德尔去听证会，途中路过默瑟街捎上爱因斯坦。哥德尔坐在后排，爱因斯坦坐在前排。当他们开车穿过冬日普林斯顿的树林和灰色的田野时，爱因斯坦在座位上挪了挪身子，回头看着他那位焦虑的朋友。

"哥德尔，"他看出来对方花了很多功夫做准备，便带着戏谑的微笑问道，"你真的为这次听证会做好准备了吗？"

正如爱因斯坦所料，这个问题立即让哥德尔陷入了恐慌，担心自己或许根本没有准备充分。在让哥德尔平静下来之后，在路上的大部分时间里，摩根斯特恩和爱因斯坦都在劝说哥德尔不要去讨论他在宪法里发现的漏洞。

很幸运，听证会的法官和爱因斯坦关系很好。

三位教授在法官面前落座后，法官问："哥德尔先生，你是哪里人？"

"奥地利人。"

"你们奥地利政府是什么样的？"

"它原本是一个共和国，但它的宪法最终让它变成了独裁国家。"

爱因斯坦和摩根斯特恩开始担心起来。

"啊！这太糟糕了。"法官回道，"在我们国家，这种事情是不可能发生的。"

爱因斯坦和摩根斯特恩开始准备迎接灾难。

"哦！并非如此，我可以证明。"

哥德尔开始解释，而法官看了看爱因斯坦脸上的表情，便让可怜的哥德尔打住，让他知道他真的不必深究。1948 年 4 月 2 日，哥德尔宣誓入籍，终于成了美国公民。

从来没人想到要把哥德尔在宪法中发现的漏洞记下来。

第 92 个闪回　以色列总统风波

1952 年 11 月，犹太复国主义领导人魏茨曼去世，他曾负责过爱因斯坦 1921 年的美国之行①，后来又担任过以色列的第一任总统。耶路撒冷报刊《晚祷》举荐"在世的最伟大的犹太人爱因斯坦"[309] 作为魏茨曼的继任者。

这个建议很有影响力，时任以色列总理的大卫·本-古里安（David Ben-Gurion）觉得这个建议很不错，并以最快的速度公开表示支持。

他给以色列驻美国大使阿巴·爱班（Abba Eban）发了一封急电。爱班也给爱因斯坦发了一封电报，问他是否同意大使馆的人去普林斯顿看望他，并转达一个重要的信息。

爱因斯坦知道这事情的含义。美国报纸报道了魏茨曼的去世，以及推荐爱因斯坦作为继任者的讯息。起初，爱因斯坦以为这只是个玩笑。他并不想当什么总统。正如他对玛戈特说的那样，"倘若我当总统，那有时候就不得不对以色列人民说一些他们不喜欢听的话"。[310]

他觉得让官员辛辛苦苦大老远开车来普林斯顿没什么意义，就打电话给爱班，明确告诉大使他不想当总统。

"我不是合适的人选，我不可能当总统。"[311]

"但我不能告诉政府，您打电话和我说不行。"爱班答复道，"我得走一

① 见《第 47 个闪回》。——译者注

下过场，正式和您提出这个提议。"

最终，爱因斯坦心软了，他意识到在收到邀请之前就拒绝，是在侮辱对方。于是，大使很快就动身了。

正式的信函告诉爱因斯坦："倘若您接受这个提议，您就要移居以色列，并成为以色列公民。总理保证，如果这样的话，那么充分意识到研究具有至高无上意义的政府和人民，将为你们这些从事伟大科研的工作者们提供完全的便利和自由。"[312]

爱班热切地表示，这一提议体现了"犹太人民对其任何一个孩子的最深切的尊重……我希望您能慷慨地考虑一下那些提出这个建议的人们，在这个以色列人民的庄严历史时刻，崇高的目的和动机促使他们想到您，这值得赞扬"。

爱因斯坦的回信很快被爱班交给了以色列总理，上面写道：

我们以色列国的提议使我深受感动，但我不能接受这一提议，为此我感到难过和羞愧。我的一生都在研究客观事物，因此，我既缺乏和人打交道的天赋，也缺乏履行政府职务的经验。仅凭这些，我就不适合担任这个崇高的职位，更何况随着年龄的增长，我的体力也有所下降。我对这些情况非常痛心，因为自从我充分意识到我们犹太人在世界各国所处的险境以来，我与其他犹太人的关系已变成了我最牢固的人际关系纽带。[313]

最后，本－古里安对爱因斯坦的谢绝表示感激。在等待对方的答复时，他开始犹豫起来。

"告诉我，倘若他答应了该怎么办！"他开玩笑地问助手，"如果他同意当总统，那我们就有麻烦了。"[314]

倘若爱因斯坦当了总统，以色列国就会有一个对权威、形式和文书都不感兴趣的总统，他曾直言不讳地表示，他不会说希伯来语，不会举行成人礼。他对上帝的看法是出了名的不正统，他曾公开反对建立一个犹太国家。"我更愿意看到与阿拉伯人在和平共处的基础上达成合乎情理的协议，而不是建立一个犹太国家。"[315] 他曾明确地总结过自己对犹太复国主义的看法，"除了考虑实际情况以外，我对犹太主义本质的认知让我并不赞同建立一个拥有国界、军队和一定程度的世俗权力的犹太国家的想法，不管它有多温和。我担心这会对犹太主义造成内在的伤害。"那才是真正的麻烦。

会面结束两天后，爱因斯坦在纽约的一个正式的招待会上见到了爱班。正如爱班后来记录的，爱因斯坦当时没穿袜子。

第 93 个闪回　贝索去世

爱因斯坦 76 岁生日的隔天，也就是 1955 年 3 月 15 日，他最亲密的朋友米凯莱·安吉洛·贝索去世了。贝索和爱因斯坦相识已经 50 多年了。贝索的儿子和妹妹写信把这个消息告诉了爱因斯坦。他给他们回了一封信表示感谢，并回顾了他的这位朋友。不到一个月后，他也去世了。

普林斯顿，1955 年 3 月 21 日

亲爱的韦罗和比切太太：

在这段艰难的日子里，你还给我说了这么多关于米凯莱去世的详细情况，真是太谢谢你了。他的辞世与他的一生和所钟爱的一切是和谐的。这种和谐生活的天赋很少和非凡的智慧相匹配，尤其像他那样。而作为一个男人，我最钦佩米凯莱的是，他不仅能够长期平静地生活，而且能长久地与妻子和睦相处——关于此事，我惭愧地失败过两次。

我们的友谊始于我在苏黎世读书的时候。我们经常在音乐活动时见面。作为一个年长的科学家，他经常激励我们。他的兴趣范围广无边界。不过，似乎他最喜欢的还是批判哲学。

后来，我们在专利局重逢。在回家的路上，和他的谈话令人陶醉——就好像日常生活中的磕磕绊绊根本算不上什么。相比之下，我们后来通过书信的交流则有些障碍。他的文笔跟不上他那多才多艺的精神，因此，在大多数情况下，和他通信的人不可能猜到他没有写下来的究竟是什么。

现在他又先我一步离开了这个奇怪的世界。这没关系。对于像我们这

种相信物理学的人而言，过去、现在和未来的分离只是人们根深蒂固的幻觉而已。

我谨向你致以最诚挚的感谢和最美好的祝愿。

你的，

阿·爱因斯坦[316]

第 94 个闪回　告别人间

1948 年，爱因斯坦被诊断出患有腹主动脉瘤。医生对他说，这可能是致命的。"变老的奇怪之处在于，敏锐地区分时间和地点的能力正在慢慢消失。"他在给一位朋友的信中写道，"一个人感觉自己进入了无限领域，或多或少会觉得有点儿孤独。"[317]

1955 年 4 月 13 日下午，爱因斯坦昏倒了。就在前一天，他的助手发现他的表情很痛苦，便问他是否一切安好。他回答说是，一切都好，除了他自己。海伦·杜卡斯打电话给医生，医生给他打了吗啡，让他睡一觉。第二天来的医生更多。动脉瘤已经开始破裂，但爱因斯坦拒绝手术。"人工延长的生命是无味的。"他向杜卡斯解释说，"我已经尽力了。是时候离开了。我要优雅地走。"[318]

第二天，杜卡斯发现爱因斯坦十分痛苦地躺在床上，他已经无法抬起头，于是被送到了医院。爱因斯坦的病情好转得很快，他要了纸、铅笔和眼镜，有了这些，他就能在病床上工作了。他和从旧金山飞来看他的汉斯·阿尔伯特聊物理，和朋友奥托·纳坦聊政治。他仔细审读了一份为以色列独立纪念日而准备的演讲草稿，他仍然希望找到统一场论，涂涂改改地写下了 12 页方程式。

然而，病情的好转是短暂的。4 月 18 日星期一，凌晨一点刚过，夜班护士艾伯塔·罗泽尔（Alberta Roszel）发现爱因斯坦呼吸异常，还听到他低声咕哝着。原来是动脉瘤破裂，他的生命行将结束。但是罗泽尔不会德语，爱因斯坦最后说了什么已无从知晓。

葬礼是在他去世的同一天举行的。出席的人一共有 12 位，其中包括汉斯·阿尔伯特、海伦·杜卡斯、奥托·纳坦和爱因斯坦的女朋友约翰娜·凡托瓦（Johanna Fantova）。在这些人里，穿黑衣服的很少。那是一个明媚而又寒冷的春日，在不和谐的阳光下，纳坦念着歌德（Goethe）为剧作家弗里德里希·席勒（Friedrich Schiller）写的纪念诗。歌德描绘他的朋友具有超凡脱俗的才能和勇气，散发着"永恒不变的青春光芒"，还有反对社会不公的奉献精神。这首诗选得恰如其分。爱因斯坦——至少对朋友和陌生人来说——是最慷慨、最温柔的人，而他内心的坚韧并未因此减弱。他深信自己的信念几乎是不可动摇的，应该大声反对社会的罪恶，并尽自己最大的努力与之斗争。

"他就像一颗流星在闪耀，"纳坦最后说，"虽已远去，光芒永存。"

这实际上就是为爱因斯坦举办的所有仪式，正如他所希望的那样。他想尽可能少地被公众崇敬。他一直小心翼翼地不保留与他有关的地方。他在高等研究院的办公室会有新的主人，他在默瑟街的房子出售给了新的住户。他明确表示，他不希望自己的遗体成为某种标志，也不希望自己被土葬。他的骨灰被撒在了某个秘密的地方。

第 95 个闪回　大脑

爱因斯坦的大脑被解剖、分割并保存在火棉胶中（约 1980 年）

爱因斯坦去世时，托马斯·哈维（Thomas Harvey）正好是普林斯顿医院里的一名病理学医师。他是贵格会教徒，头发很短，发际线很高，看起来很普通。不客气地说，他就像一个透明人。对爱因斯坦的尸体进行例行解剖是哈维的工作。可以想象，当哈维取出爱因斯坦的每一个主要器官并检查时，奥托·纳坦正在一旁心烦意乱。哈维在缝合尸体前，把器官给调包了——或者更确切地说，他调包了几乎所有的器官。在解剖室里，哈维未经允许，决定保留爱因斯坦的大脑。

几天后这件事被发现，爱因斯坦的朋友和家人都非常愤怒。汉斯·阿尔伯特打算投诉，但哈维争辩说，爱因斯坦是想为科学服务的。在这种情况下，汉斯·阿尔伯特不知道还能做些什么，于是勉强接受了这个说法。有了这个追认，美国陆军病理小组很快就找到了哈维，但他拒绝了对方提出的各种会面要求，他选择将大脑分割后做防腐处理，然后将其储存在几个玻璃饼干罐里。

哈维辞去了在普林斯顿的工作，把大脑带到了宾夕法尼亚大学。在那里，他把大脑切成 240 块，将其保存在一种坚硬的橡胶状物质（火棉胶）中，放在自己的福特汽车的后备箱运回家，放置在地下室的罐子里，大脑就悬浮其中。他和妻子离婚后，又结过两次婚。他全国各地到处搬家，而且经常不留转寄地址，但他总会带着这些大脑。在堪萨斯州的威奇托，他曾担任过某个生物检测实验室的医疗主管。在那里，他把大脑放在一个用来装苹果汁的盒子里，然后把盒子放在啤酒冰柜旁，再用旧报纸盖住。

他还在密苏里州的韦斯顿当过医生，并打算研究大脑。但他没能在 1998 年通过能力考试，于是被吊销了行医执照。在堪萨斯州的劳伦斯，他搬进了加油站隔壁的公寓，并在一家塑料挤出厂的装配线上工作。在那里，他结识了邻居"垮掉的一代"小说家和诗人威廉·S. 巴勒斯（William S. Burroughs）。他们会定期在巴勒斯家的门廊喝酒聊天，分享故事。巴勒斯自豪地告诉他的其他朋友，只要他愿意，随时都可以得到爱因斯坦大脑的一部分。

一直以来，哈维都在周期性地把爱因斯坦的大脑一点点地分发给全国各地的少数研究人员——有的切片装在载玻片上，有些则比较大块。他选择寄送这些大脑礼物的对象很随意，主要根据他当时对谁的研究更感兴趣，而有时他也会回应一些索要标本的要求。例如，他给加州大学伯克利分校的一位神经科学家寄过一个蛋黄酱罐子，里面装着爱因斯坦大脑多个部位的碎块。但哈维很少要求收到大脑礼物的人做些什么。

爱因斯坦的大脑最终并没有成为一项科学奇迹，它更像是宗教遗物。它就像圣安东尼（St Anthony）的舌头、圣嘉弥禄（St Camillus）的心脏一样被保存了下来，让人们得以观察和膜拜，把它作为一个超越人类的象征符号。与汉斯·阿尔伯特的期望相反，它已然成了民粹主义和旅游观光的对象。如今，要是想了解这颗大脑，可以使用一款应用程序，它是由幻灯片和照片组成的"大脑图谱"。哈维的一些切片被送到了费城的马特博物馆，在那里，它们与从格罗弗·克利夫兰（Grover Cleveland）总统嘴里取出的恶性肿瘤、从约翰·威尔克斯·布斯（John Wilkes Booth）脖子上取下来的一块组织摆在一起，看起来倒也一点儿不违和。

第 96 个闪回　太空里的爱因斯坦

2013 年 6 月 5 日，欧洲航天局从法属圭亚那的库鲁城外丛林里的欧洲太空港发射了自动转移飞行器 4 号。这艘无人货运飞船名叫阿尔伯特·爱因斯坦号。它的大小相当于一辆双层巴士，管状的船体可以伸出 4 个太阳能电池阵列板，用于为国际空间站提供补给。

阿尔伯特·爱因斯坦号在升空 10 天后与国际空间站对接，为其中的宇航员送去了食物、水、氧气和推进燃料。它还带了一个 3D 打印工具箱、一些防毒面罩、一个新的水泵和回收装置，以及科学实验设备。总而言之，这次运送的货物重达 7 吨，共有 1400 多件物品，其中还包括了一种太空食品——提拉米苏。

在这些好东西里，有一份广义相对论手稿第一页的副本。宇航员卢卡·帕尔米塔诺（Luca Parmitano）在距离地球表面约 250 英里①的空间站里为它签上了自己的名字，以表达尊敬和感激。因为，倘若没有广义相对论的方程组作为基础，太空探索毫无疑问会变得更困难。例如，在确定天体或探索太阳系的航天器的正确轨道时，在通过星际探测器发出的无线电信号对它们进行跟踪时，都必须考虑相对论的影响。

事实上，但凡涉及空间的准确性，都需要考虑爱因斯坦的理论。该理论实际效果最明显的就是全球定位系统（简称 GPS）。人们车上或手机上的

---

① 约 402 千米，下文的 12 000 英里约为 19 312 千米。——译者注

卫星导航系统所接收的绕地卫星系统的信号，来自 12 000 英里外，每颗卫星都会广播它的位置和准确时间。然后，汽车利用接收这些信号所需的时间差计算出与各颗卫星之间的距离，从而让人们知道自己在地球上的位置。时间对整个系统的运作至关重要。但由于卫星离地球太远，因此它们感受到的引力效应较弱，也就是说，卫星上的时间流逝速度要比地球上的快一点点。倘若 GPS 没有用广义相对论，让卫星上的时钟比地球上的略快一点点，那么手机很容易把位置指偏好几英里。

第 97 个闪回　核武器与锿

1952 年，美国在太平洋的埃尼韦塔克环礁完成了第一次氢弹试验。这次试验的代号叫"常春藤迈克"，而炸弹的绰号叫"香肠"。这次爆炸的威力相当于 1000 多万吨 TNT 炸药。产生的火球大约有两英里[①]宽，几秒钟内，蘑菇云覆盖了蓝色的海洋，直径扩大到 100 英里。爆炸引起的海浪高达 20 英尺。附近岛屿上的植被变成废墟，带有放射性物质的珊瑚碎片落到了 35 英里外的船只上。

爱德华·泰勒（Edward Teller）可能是那时最著名的氢弹支持者，当时他正在加州伯克利，美国大部分原子能研究在那里，虽然两地距离约 5000 英里，但他通过地震仪检测到了爆炸的震动。他迅速给洛斯阿拉莫斯的一位同事发去了电报，上面只写着"是个男孩"[319]。

携带滤纸的无人机在放射性云层里收集到的数据，以及从环礁上收集到的成吨的珊瑚，一起被送往伯克利。分析证实，这种强度的爆炸产生了一种新元素。在实验室研究的大量碎片里，一共检测到大约 100 个 99 号元素的原子。

该元素呈银色，是一种柔软的金属，在黑暗中会发出蓝色的光。一克这样的元素含有 1000 瓦的能量。就像所有的锕系元素（位于元素周期表末尾

---

① 约 3.2 千米，下文的 100 英里约为 161 千米，20 英尺约为 6.1 米，35 英里约为 56 千米，5000 英里约为 8047 千米。——译者注

的人造元素）一样，它很重，而且活性很强。它的各种同位素的半衰期从几秒到一年多不等，所以即使考虑最长的半衰期，它也只能存在很短的时间。99 号元素根本没什么实际用途。

当然，常春藤迈克是高度机密，其结果在三年内都没有解密。爱因斯坦去世三个半月后，1955 年 8 月 1 日的《物理评论》终于公开了 99 号元素的发现。在文章里，发现者艾伯特·吉奥索（Albert Ghiorso）和他的同事建议以爱因斯坦的名字命名这种新元素。当时，以科学家的名字来命名元素是很少见的，但也有过先例：1944 年，锔（原子序数 96）就是以爱因斯坦的老朋友玛丽·居里和她的丈夫皮埃尔的姓氏命名的。

尽管爱因斯坦对量子力学并不满意，但他是量子力学之父之一。此外，他在 1905 年发表的关于布朗运动的论文是最先证明原子存在的论文之一——本质上讲，他的论文从数学上证明了原子确实存在。仅这两件事就足以让他有资格进入元素周期表。当然，由于 99 号元素是在原子能具有破坏性的舆论中诞生的，所以用一个人的名字来命名它也暗含了某种意味。这个人提出了 $E = mc^2$，而这个方程解释了氢弹的毁灭性威力，他还曾写信给罗斯福总统，劝说他加大核链式反应的研究投入。它也是一座纪念碑，是纪念这位世界上最著名的科学家的一种方式。

即便如此，考虑到爱因斯坦对核武器的危险性感到忧虑，以及他在创造核武器方面的实际作用有限，这个提议也不免带有一些讽刺意味。由于联邦调查局对爱因斯坦的不信任，无论是在战时还是战后，他都没能获准了解美国政府的核计划。他从未研究过原子弹，而曼哈顿计划开始的原因，更多的是华盛顿当局听说英国的计算表明空中核弹具有可行性，而非爱因斯坦写的那封信。他曾经直截了当地宣称，他不是"释放原子能之父"[320]，尽管人们有时候认为这个头衔属于他。

爱因斯坦晚年的大部分时间在倡导建立一个世界性的政府，以维护未来的和平。1950 年，当听说杜鲁门（Truman）总统决定研制氢弹时，他第一次出现在电视这种新媒体上。他在普林斯顿录制了一份声明，并于第二天在《今日与罗斯福夫人》节目中向全国播出。他说，如果制造氢弹的尝试取得成功，那么"地球上所有生命的灭绝在技术上已经成为可能。这种发展的奇怪之处在于，它显然是不可阻挡的。现在走的每一步都是上一步的必然结果。而到最后，则再清楚不过，那就是普遍的灭绝"。[321]

爱因斯坦的最后一次公开活动是签署一份宣言，呼吁各国领导人在核武器时代放弃战争。

第 99 号元素叫"锿"，符号是 Es。

第 98 个闪回　爱因斯坦的宇宙之谜

从 1929 年开始，人们就知道宇宙在膨胀。爱因斯坦对这一发现欣喜若狂，因为这可以让他不必在广义相对论方程组里引入一个数学项，即宇宙常数（用希腊字母 Λ 表示），来描述静态的宇宙了[①]。在爱因斯坦引入这项数学修正之前，相对论实际上看起来一直是支持宇宙在膨胀的。

知道宇宙在膨胀后，认为宇宙膨胀在放缓似乎符合逻辑。这个假设基于的事实是：如果宇宙有质量，那么就会有引力，而引力会导致相互吸引——它会"拉"东西。每个星系都不可避免地相互吸引。因此，人们认为空间的膨胀在减速，其原因实际上和抛向空中的苹果速度会变慢是一样的。两者都会对抗引力的拉扯。

这个概念看起来是显然且可信的，以至于人们相信了将近 70 年。然而令人惊讶的是，1998 年它被证明是错的。萨尔·波尔马特（Saul Perlmutter）、布莱恩·施密特（Brian Schmidt）和亚当·里斯（Adam Riess）领导的两个研究小组对宇宙深处的超新星做了研究。人们普遍认为，这些壮丽的恒星爆炸有一个标准亮度，所以在天空中，一颗超新星越暗，它就离我们越远。一旦确定距离，就可以计算出这些宇宙信标所在星系的年龄——星系的距离越远，它出现的时间就越久远。利用这些知识，波尔马特、施密特和里斯得以在宇宙的大部分历史时段里观察它的膨胀情况。他

[①]　详见《第 42 个闪回》。——译者注

们推断，现在的宇宙膨胀得比以前快。换句话说，他们发现宇宙在加速膨胀。他们因这项研究而共同获得了 2011 年的诺贝尔奖。

当然，引力并没有随着这项发现而突然消失。星系之间仍然相互吸引。因此，宇宙膨胀加速，一定是因为有额外的东西抵消了引力的作用。就像火箭需要推进器来推动自己升天一样，宇宙中也存在某种能量对抗星系间的引力。

很久以后人们才意识到，不无讽刺的是，爱因斯坦为了"保持宇宙静止"而引入的宇宙常数，正是可以正确计算如今用来度量宇宙加速度的工具，尤其可以计算抵消引力的"额外的东西"。这里有必要解释一下，宇宙常数并不是圆周率那样的常数。它像圆周率一样，不会随时间变化，但不同的是，它不是人类可以从理论知识里先验确定的东西。至少在目前，它只能通过测量得到。过去 20 年的测量提供了可靠的证据，证明加速膨胀是由某个宇宙常数驱动的，人们已经确定了它的值，误差很小。当爱因斯坦认为不需要宇宙常数时，他所做的就是把该项设为零。

我们可能会问，宇宙常数代表什么。引力可以用物理的方式来考虑，如果它是一种反重力，那么也一定有物理意义，而不只具有纯粹的数学意义。它在现实世界里对应的东西被称为"暗能量"。许多科学家认为暗能量是存在于真空空间里的能量。很多人以为真空就像它的名字一样，是只有辐射能通过的虚空。在浩瀚宇宙里，在远离热闹的恒星的地方，是一片黑暗，那里似乎什么都没有。但即使在那里，仍然存在能量，它们起伏不定，好像由成千上万的微观波组成。暗能量被认为是空间的真空里固有的总能量。

根据这个理论，宇宙常数的估计值为 1×10^{113} 焦耳每立方米。这是一个巨大的数。然而，根据对宇宙膨胀率的观测，似乎每立方米的暗能量更接

近 $1.5×10^{-9}$ 焦耳每分钟。暗能量的理论值和观测证据之间的差异是当代物理学的一个主要问题，是所谓的宇宙常数问题的一部分。它实际表明人们对暗能量几乎一无所知。

相对论面临的挑战之一是暗能量问题，还有一个是黑洞。在每个黑洞的中心都有一个奇点，时空在那里剧烈弯曲，以至于相对论方程组都会失效。人们拍到了黑洞的照片，也探测到了黑洞发出的引力波。它们是宇宙的重要组成部分，然而爱因斯坦的理论无法完美地解释它们。

的确，虽然目前理解宇宙的最重要方法仍然是相对论，但似乎不太可能永远如此。当代物理学与爱因斯坦年轻时的物理学的状况有些相似，当时的物理学家轮番攻击和捍卫艾萨克·牛顿的成果，一些人试图修补他在引力理论方面的漏洞，而另一些人（比如爱因斯坦）则试图推翻它。如今，爱因斯坦也有他的批评者和支持者。

宇宙比我们聪明。在爱因斯坦的一生里，无论在量子力学方面（量子力学破坏了他关于世界应该是什么样子的概念），还是在他试图创建统一场论方面，宇宙都胜他一筹。1955 年 3 月，就在爱因斯坦去世前一个月，他在最后一次自我反思的最后几句承认，也许他过去 20 年的研究终究是徒劳的。他写道："一个场论能否恰当地解释物质和辐射的原子结构，以及量子现象，似乎完全值得怀疑。"[322] 但他安慰自己说："追求真理比占有真理更可贵。"

爱因斯坦在概述自己的个人信仰时曾写过："我们所能经历的最公平的事情就是神秘。它是真正的艺术和真正的科学的摇篮。如果对一个人而言不再有神秘，他不再感到怀疑，不再感到惊奇，那这个人就像一根熄灭的蜡烛，和死人一样。"[323]

　　为了解开那个时代的谜团，爱因斯坦不得不重新思考光、时间和空间的本质，还有宇宙本身的特征。在思考的过程中，他向人们展示了一幅更真实的物理实在图景，但它并非不再有任何谜团。如今，通过解决相对论的问题，我们可能会对宇宙有更深刻的理解。我们有幸生活在这样一个时代，摆在我们面前的谜题就是爱因斯坦的宇宙之谜。

第99个闪回　自画像

自白，56岁

一个人很难了解自己存在的意义，但显然这并不会困扰旁人。鱼儿对于自己一生都游在其中的水又知道些什么呢？

苦恼和甜蜜来自外界，而困难则源于内心，源于自己的努力。在大多数情况下，我所做的这些事都是天性的驱使。因它而赢得如此多的尊重和爱戴，让我觉得有些尴尬。仇恨之箭也曾向我射来，但我从未被它们射中，因为它们毕竟属于另一个世界，而我与那个世界毫无关联。

我生活在孤独之中，这种孤独在年轻时是痛苦，但随着我的成熟，它让我觉得惬意。[324]

75岁生日前几天的爱因斯坦（1954年）

参考文献和致谢

要研究阿尔伯特·爱因斯坦的一生，最好从他本人的作品入手。为此，普林斯顿大学出版社出版的《阿尔伯特·爱因斯坦文集》项目是无价之宝。《文集》的第 1 卷出版于 36 年前，而最近的第 16 卷才整理到他 1929 年 5 月的作品。这说明它是可靠和全面的。

到目前为止，还没有完整的爱因斯坦科学著作集，而他的科学出版物的完整列表可以在阿尔布雷希特·福尔辛（Albrecht Fölsing）写的传记或保罗·阿图尔·席尔普（Paul Arthur Schilpp）编辑的《阿尔伯特·爱因斯坦：哲人科学家》中找到。爱因斯坦的非科学著作具有简洁、雄辩的特点，被收录在《我眼中的世界》（后来扩展为《我的世界观》）和《爱因斯坦晚年文集》，以及由海因茨·诺登（Heinz Norden）和奥托·纳坦编辑的大作《爱因斯坦论和平》中。最后一本几乎囊括了爱因斯坦关于和平主义的全部思想。此外，普林斯顿大学出版社最近收集了爱因斯坦所有的自传体文本（其中有些很短），并由哈诺赫·古特弗罗因德（Hanoch Gutfreund）和于尔根·雷恩（Jürgen Renn）编辑出版为《爱因斯坦论爱因斯坦》。

爱因斯坦写了很多经过深思熟虑但又极具趣味性的信件。他和有的熟人之间的通信已经出版，它们都很有价值，值得一读。其中我用到了《玻恩 - 爱因斯坦书信集（1916—1955）》《给索洛文的信（1906—1955）》《爱因斯坦与米凯莱·贝索通信集（1903—1955）》。爱因斯坦与贝索的通信最初以德语出版，并附有法语翻译，但由于某种原因，至今仍没有英文版。

除此之外，还有大量的爱因斯坦传记。我最依赖的书籍包括罗纳德·W.克拉克（Ronald W. Clark）的《爱因斯坦：人生与时代》、菲利普·弗兰克（Philipp Frank）的《爱因斯坦：他的一生与时代》、巴内什·霍夫曼（Banesh Hoffman）和海伦·杜卡斯的《阿尔伯特·爱因斯坦：创造者和反叛者》、彼得·米歇尔莫尔（Peter Michelmore）的《爱因斯坦：个人简介》、亚伯拉罕·派斯的《爱因斯坦传》、由爱因斯坦女婿鲁道夫·凯泽（Rudolf Kayser）用笔名安东·赖泽尔（Anton Reiser）写的《阿尔伯特·爱因斯坦：传记肖像》、卡尔·泽利希（Carl Seelig）的《爱因斯坦：纪实传记》、安东尼娜·瓦伦丁（Antonina Vallentin）的《阿尔伯特·爱因斯坦的故事》以及G. J.惠特罗（G. J. Whitrow）编辑的《爱因斯坦：个人及其成就》。

上面这些书出版于40年前或更早。它们都存在一些明显的错讹，其中大多不是因为作者本身有什么问题，而是因为他们无法知道真相。在最近出版的传记中，戴维·博达尼斯（David Bodanis）的《爱因斯坦也犯错》让我们得以轻松回顾爱因斯坦的一生和科学成就。还有于尔根·内费（Jürgen Neffe）的《爱因斯坦传》、于尔根·雷恩的《阿尔伯特·爱因斯坦：宇宙的总工程师》，以及丹尼斯·布莱恩（Denis Brian）的《爱因斯坦的一生》。

此外，阿尔布雷希特·福尔辛的《阿尔伯特·爱因斯坦传》和沃尔特·艾萨克森（Walter Isaacson）的《爱因斯坦：生活和宇宙》也都是重要的参考资料。这两本书描写了爱因斯坦的几乎所有生活片段。如果读者想寻找对爱因斯坦的全面评价，那么最好从福尔辛和艾萨克森的书开始。

不过，这两本书也不全面。本书包含了爱因斯坦生活里的一件事，是在以前面向大众的关于爱因斯坦的作品里从未涉及的，因为那时它还不为人所知：爱因斯坦与玛丽·温特勒曾旧情复燃，与此相关的信件于2018年发表在了《文集》第 15 卷。该册文集还公开了爱因斯坦在青少年时期写给玛丽的许多情书，这些情书清楚地表明，他对她的感情比人们以前想象的更深。

提供研究爱因斯坦的综合参考书目超出了本书的范畴。然而，我有信心说，对于爱因斯坦一生的所有方面，只要是人们想了解的，都有对应的出版物。如果希望更多地了解他的私生活，可以看罗杰·海菲尔德（Roger Highfield）和保罗·卡特（Paul Carter）的《阿尔伯特·爱因斯坦的私生活》，该书几乎完全从爱因斯坦的个人关系的角度看待他的一生。丹尼斯·奥弗比（Dennis Overbye）的《恋爱中的爱因斯坦》非常出色，该书讲述了爱因斯坦的早年生活以及他和第一任妻子的关系。还有米列娃·玛利奇的两本传记：德桑卡·特尔博霍维奇 – 久里希奇（Desanka Trbuhović-Gjurić）的《在阿尔伯特·爱因斯坦的阴影下：米列娃·爱因斯坦 – 玛利奇的悲剧》和米兰·波波维奇（Milan Popović）的《在阿尔伯特的阴影里》。米歇尔·扎克海姆（Michele Zackheim）的《爱因斯坦的女儿：寻找莉泽尔》详细介绍了他那被遗忘的女儿的已知情况。

如果想从地理上了解细节，可以看马克斯·弗吕基格（Max Flückiger）的《阿尔伯特·爱因斯坦在伯尔尼》、迈克尔·D. 戈丁（Michael D. Gordin）的《爱因斯坦在波希米亚》（讲述的是他在布拉格的时光）、托马斯·利文森（Thomas Levenson）的《爱因斯坦在柏林》。还有安德鲁·罗宾逊（Andrew Robinson）的《爱因斯坦在逃亡：英国是如何拯救世界上最伟大的科学家的》和杰米·塞廷（Jamie Sayen）的《爱因斯坦在美国：希特勒和广岛时代的科学家的良心》。

马克斯·贾默（Max Jammer）在《爱因斯坦与宗教：物理学与神学》

一书中阐述了这位著名科学家对宗教的看法。马修·斯坦利（Matthew Stanley）的《爱因斯坦的战争：相对论是如何在第一次世界大战期间的邪恶民族主义中获胜的》和第一次世界大战有关。关于联邦调查局的更多信息，可以在弗雷德·杰尔姆（Fred Jerome）的《爱因斯坦档案：美国联邦调查局对世界最知名科学家的秘密监控》中找到。正是在杰罗姆的信息自由要求下，爱因斯坦在联邦调查局的档案才得以公之于众。

关于爱因斯坦在科学方面的著作也有很多，尤其是他自己写的《狭义与广义相对论浅说》。除此之外，从罗素·斯坦纳德（Russell Stannard）的《相对论：通识读本》入门也很好。约翰·S. 里格登（John S. Rigden）的《爱因斯坦的 1905 年：衡量伟人的基础》对爱因斯坦奇迹年的科学论文进行了非常详细而又易于理解的解读，戴维·博达尼斯的《$E = mc^2$：世界上最著名的方程的故事》则更具体。有关爱因斯坦的同事对他的印象，可参见维尔纳·海森堡的《与爱因斯坦邂逅》、沃尔夫冈·泡利的《泡利物理哲学文集》，以及 A. P. 弗伦奇（A. P. French）编辑的《爱因斯坦诞辰 100 周年纪念册》。

这类书籍不胜枚举。值得一提的是，在以爱因斯坦为主题的无数书籍中，我还没有遇到过写得不好的。

写这本书的乐趣之一，便是有机会详细研究爱因斯坦一生中的那些平凡事情的细枝末节，倘若是一本更传统、更全面的传记作品，那么这些东西都不适合纳入。爱因斯坦和玛丽安·安德森的故事来自她的《天呐，多么美好的早晨：我的自传》；雅各布·爱泼斯坦的轶事来自他的《要有雕塑》；威廉·戈尔丁在散文《思考是一种爱好》中回忆了他的故事；1961 年，伯特兰·罗素在位于北威尔士的家中接受约翰·钱多斯采访时，提到了他那有趣的观点；C. P. 斯诺在度假时拜访爱因斯坦的故事出自《论阿尔伯特·爱因斯坦》一文；杰罗姆·魏德曼在文章《遇见爱因斯坦的那个夜晚》中，讲述了爱因斯坦作为一名音乐老师的友善。在查理·卓别林的《卓别林自传》和璧克馥的《阳光与阴影》中，我们能找到爱因斯坦与好莱坞明星相处的情况。在第 1 个闪回里，有关电灯发展的信息参考了很多文献，其中包括《自然》《IEEE[①]工业电子杂志》《大英百科全书》和托马斯·A. 爱迪生的论文；想了解关于阿尔伯特·爱因斯坦号宇宙飞船的更多信息，可以浏览欧洲航天局、美国宇航局和 collectSPACE 网站，或是阅读哈诺赫·古特弗罗因德和于尔根·雷恩撰写的《相对论之路：爱因斯坦"广义相对论基础"的历史和意义》；卡罗琳·亚伯拉罕（Carolyn Abraham）在《拥有天才：爱因斯坦大脑的奇异而漫长的旅程》一书中详细讲述了关于爱因斯坦大脑的可怕故事。《步行去办公室（1925 年）》摘自埃斯特·萨拉曼（Esther Salaman）1955 年在《听众》杂志上发表的一篇文章。《在办公室的一天（1939 年）》有少许虚构的内容。我收集了那一年的材料，用叙事衔接手法虚构了爱因斯坦在那个时期具有代表性的一天。例如，我让爱因斯坦对他的助手伯格曼和巴格曼说，想法"非常简单，不可能有错"，而实际上这句话是他对另一位助手恩斯特·施特劳斯说的。尽管如此，我仍然力求实事求是——例如，在《在办公室的一天（1904 年）》中提到的关于犀牛的讨论，是在 1904 年伯尔尼自然科学学会的新闻中提到的，它发生在 10 月 22 日。

研究这些小插曲偶尔会让我觉得很愉快。爱因斯坦与戴维·罗思曼的友谊以及他在长岛北福克的轶事可以参见琼·罗思曼·布里尔（Joan Rothman Brill）的《我的父亲和阿尔伯特·爱因斯坦》、由唐纳德·米切尔（Donald Mitchell）和菲利普·里德（Philip Reed）编辑的《一生的书信（第 2 卷）

---

① 即电气电子工程师学会。——译者注

1939—1945：本杰明·布里顿书信日记选》，以及绍斯霍尔德历史博物馆收藏的资料。如今，在绍斯霍尔德的罗思曼百货公司旧址旁边，有一个爱因斯坦广场，在那里，粗制的小长凳围绕着一个底座，上面立着一个白色大理石的爱因斯坦老年半身像，雕像有着双下巴。壁饰和铭牌上都写着爱因斯坦在那里的假期是他"最快乐的夏天"。

如果有兴趣，波茨坦的爱因斯坦塔也值得一看，尤其是它坐落在非常迷人的阿尔伯特·爱因斯坦科学园，正在使用的科学建筑散布在树木繁茂的校园里。在那里，砖砌的哥特式天文台像巫师的城堡一样点缀着景色，人们可以看到莫名其妙的锈棚屋，它们不知缘何可以帮助计算经纬度，另外还有 21 种不同类型的工业温度计，它们被围在尖桩栅栏里，仿佛会溜走似的。

在研究过程中，我还利用了一些期刊杂志和许多报纸上的文章。网上还有一些有趣的视频片段和采访录像，这些采访让我知道阿尔伯特的声音比我想象的要尖锐得多。耶路撒冷希伯来大学的阿尔伯特·爱因斯坦档案、苏黎世国家档案馆、普鲁士文化遗产基金会的秘密国家档案馆、美国物理研究所的尼尔斯·玻尔图书馆和档案馆，以及苏黎世联邦理工学院、普林斯顿高等研究院和马克斯·普朗克学会的档案馆都很有用。

本书的完成离不开很多人，特别是：迈克尔·戴恩（Michael Dine），他非常友善地浏览了本书的科学部分，澄清了物理学概念，解释了一些更专业的宇宙学问题；我的经纪人托比·芒迪（Toby Mundy）、编辑乔治娜·莱科克（Georgina Laycock）、卡罗琳·韦斯特莫尔（Caroline Westmore）、凯瑟琳·莫里斯（Katharine Morris）、里克·霍根（Rick Horgan）、奥利维亚·伯恩哈德（Olivia Bernhard），以及他们在约翰·默里出版社和斯克里布纳出版社的团队。感谢你们的编辑和意见，帮助我完善文稿。我还要感谢朱丽叶·布赖特摩尔（Juliet Brightmore）对图片的研究和保障其合理使用。我衷心感谢耶路撒冷希伯来大学的阿尔伯特·爱因斯坦档案馆，尤其是沙亚·贝克尔（Chaya Becker）和普林斯顿大学出版社的丽莎·M.布莱克（Lisa M. Black）。同时，感谢我在《泰晤士报文学副刊》的同事们，尤其是罗伯特·波茨（Robert Potts），在我接手这个项目时，他一直都很随和友善。当然，还要感谢我的妻子伊莎贝尔（Isabelle），如果没有她对那些凌乱的写作资料的宽容，以及她的理解、问询和耐心，我肯定完成不了这本书。

图文版权声明

文本

所有《阿尔伯特·爱因斯坦文集》和阿尔伯特·爱因斯坦档案的使用由耶路撒冷希伯来大学提供版权（版权所有 1987—2021）。普林斯顿大学出版社出版，经授权转载。巴尔的摩非裔美国人的引文由非裔美国人报纸档案馆提供。马克斯·玻恩 1944 年 7 月 15 日的信，由马克斯·玻恩文字遗产的塞巴斯蒂安·玻恩提供。引用自艾丽丝·卡拉普里斯（Alice Calaprice）编辑的《亲爱的爱因斯坦教授》中的内容，经罗曼和利特菲尔德出版集团通过 PLSclear 授权。苏布拉马尼扬·钱德拉塞卡的"验证相对论"，引用自《原子科学家公报》，经泰勒和弗朗西斯有限公司和《原子科学家公报》授权转载。引用自《卓别林自传》的内容，版权属于泡泡股份公司。摘自《评论》杂志的内容，由《评论》的斯蒂芬妮·罗伯茨（Stephanie Roberts）提供。雅各布·爱泼斯坦的《要有雕塑》版权属于泰特公司的雅各布·爱泼斯坦爵士。引用自西格蒙德·弗洛伊德的一封信，由代表西格蒙德·弗洛伊德版权的马什代理有限公司授权。引用自威廉·戈尔丁的《思考作为一种爱好》，由威廉·戈尔丁有限公司授权。引用自《听众》杂志的内容，由即时媒体公司的拉尔夫·蒙塔古（Ralph Montague）提供。引用自卡尔·泽利希的《爱因斯坦：纪实传记》和《阿尔伯特·爱因斯坦：天才的生活与工作》，经罗伯特·瓦尔泽中心授权。摘自 1911 年 11 月 7 日的《泰晤士报》的内容，版权属于《泰晤士报》的新闻授权。摘自杰罗姆·魏德曼的《遇

图片

闪回 1：维基共享资源 / 公共领域。

闪回 2：苏黎世联邦工学院图书馆 / 档案 /Portr 03143-A/ 公共领域标志。

闪回 8：英国皇家学会 / 科学图片库。

闪回 9：苏黎世联邦工学院图书馆 / 档案 /Portr 03142/ 公共领域标志。

闪回 11：阿米拉照片库 /CPA 传媒有限公司。

闪回 14：乌尔斯坦图片社的灿德尔和拉比施通过盖蒂图片社提供。

闪回 17：苏黎世联邦工学院图书馆 / 档案 /Hs 1457-71/ 公共领域标志。

闪回 18：苏黎世联邦工学院图书馆 / 档案 /Portr 05937/ 公共领域标志。

闪回 24：苏黎世联邦工学院图书馆 / 档案 /Hs1457-72/ 公共领域标志。

闪回 31：阿米拉照片库。

闪回 33：国会图书馆。

闪回 40：维也纳大学图书馆。

闪回 43：乌尔斯坦图片社的弗雷达·里斯通过盖蒂图片社提供。

闪回 46：盖蒂图片社。

闪回 52：阿米拉照片库 / 格兰杰历史图片档案馆。

译后记

接到这个翻译任务的时候，我正在中国国家博物馆参观"复兴之路"展览。如果说，我之前翻译的《一个应用数学家的辩白》是类传记作品，那么本书就是一本正经的传记了。有幸参与翻译和爱因斯坦有关的书，要感谢"图灵新知"的编辑老师的信任和鼓励。

在翻译过程中，我和作者取得了联系，并协助改正了行文中少许不够精确的表述。仅有一处遗憾：作者认为，想表达的内容已经全部在这 99 个闪回里了，因此没有答应补充一篇中译本序言。

本书用 99 块与爱因斯坦有关的拼图，为读者构建了一个更丰满的爱因斯坦形象，而且，本书的篇幅适中，适合如今这个快节奏时代的大众阅读习惯。尽管本书貌似一份"快餐"，但其营养价值很高，口味也很不错。我尤其喜欢第 87 个和第 99 个闪回，它们讨论了人应当如何自立，如何拥有强大的内心，以及究竟该怎么用。爱因斯坦的睿智，给时下忙碌的人们注入了一股从容平静的力量。

本书得以付梓，离不开审读和编辑老师们的帮助和指正。在整个翻译过程中，我也得到了家人和朋友的支持与鼓励，在此一并谨致谢意。尤其是小女珺捷，是她独立完成了第 79、第 88 和第 99 个闪回的翻译初稿，并为全书的翻译提供了有益的建议。尽管如此，本书难免存在疏漏，甚至错误，欢迎读者发送邮件到 dr.watsup@outlook.com 和我交流探讨。

　　爱因斯坦有科学上的失败（第 98 个闪回："也许他过去 20 年的研究终究是徒劳的"），也有待人接物上的失败（第 93 个闪回："'关于此事，我惭愧地失败过两次'"）。然而，亦如作者所言，爱因斯坦的"善良不是一种生存状态，也不是天才的特质，而是一种追求。正因为如此，这一切才变得更加非凡"（见"引言"）。愿读者通过本书近距离观察爱因斯坦之后，从他一生都在追求真善美的人生意义中获得启迪。我们不是天才，但并不是只有天才才能去追求真善美。

何生

2024 年 2 月 24 日

版 权 声 明